Warum schreiben?

Jürgen Reimer

Warum schreiben?

Bibliografische Information der Deutschen Nationalbibliothek:
Die Deutsche Nationalbibliothek verzeichnet diese Publikation
in der Deutschen Nationalbibliografie;
detaillierte bibliografische Daten sind im Internet über
http://dnb.d-nb.de abrufbar.

© 2011 Jürgen Reimer
Umschlaggestaltung: Detail aus der Bildergeschichte „Balduin Bählamm" von
Wilhelm Busch
Satz, Umschlaggestaltung, Herstellung und Verlag:
Books on Demand GmbH, Norderstedt
ISBN: 978-3-8423-1435-1

Für meine Frau Jule

Jürgen Reimer, geb. 1933, war nach seinem Studium in Hamburg und Tübingen (Philosophie, Germanistik, Latein) als Gymnasiallehrer tätig. Mit seinem Debütroman „Der Ferienschreiber" (1998) kamen erste Erfolge. Die Romane „Gruppenreise" (2001) und „Jahre eines Unbehausten" (2002) wurden in Jahresbibliografien des Max Kade Zentrums für deutschsprachige Gegenwartsliteratur der Washington Universität in St. Louis/USA aufgenommen. 2003 erschien „Ein stiller Rebell", 2005 ein Essayband über Thomas Mann. Vier Erzählungen folgten. Der Durchbruch gelang mit dem Roman „Sie warfen Feuer auf die Stadt" (2009).

Jürgen Reimer lebt heute als freier Schriftsteller in Hamburg.

Inhalt

Warum schreibe ich?

Ein Versuch

Warum schreibe ich? Ich spürte sehr früh den Sonderling in mir. Ich hatte mit mir selbst zu tun, spürte innere Konflikte, die andere scheinbar nicht hatten. Die anderen erschienen wie Fremde. Ich stand oft abseits und fühlte mich allein. Wie konnte ich in der Gesellschaft der anderen überleben?

Auch der Außenseiter wird in die Gemeinschaft der anderen hineingezwungen. Er muss sich anpassen. Immer besteht die Gefahr, als ein anderer entdeckt und vielleicht verfolgt zu werden. Denn man duldet gerade in der Gemeinschaft Jugendlicher keinen Sonderling. Viele Jugendliche suchen ein Opfer, um an diesem ihren aus verschiedenen Umständen aufgestauten Frust abreagieren zu können. Wie kann ich als Außenseiter verhindern, zum Opfer zu werden? Eine Möglichkeit: unauffällig bleiben und sich tarnen, niemals sich in den Vordergrund drängen, um Aufmerksamkeit zu erlangen, nie provozieren. Eine Flucht in die Konformität ist die beste Tarnung. Denn andernfalls bestünde die Gefahr, als jemand, der über eine Besonderheit, vielleicht ein großes Talent, eine größere Sensibilität und innere Kompliziertheit verfügt, bemerkt zu werden.

Meine Mutter hat mich zur Vorsicht und Anpassung erzogen. Ich gewöhnte mich an das passive Verhalten, und doch wollte ich wie wohl jeder Mensch zwar nicht auffallen, aber doch andere beeindrucken. Ein nur Abseitsstehen befriedigt nicht auf Dauer. Auch ein Außenseiter will imponieren – auf seine Weise. In mir entstanden Tagträume, in denen ich mich als Held sah. Ich beobachtete die Welt. Viele Menschen begeben sich auf die Überholspur. Beim Außenseiter kann ein Gefühl von Abseitsstehen entstehen. Wie kann man dieses Gefühl ausgleichen? Auch – und vielleicht gerade – braucht der Sonderling das Geliebtwerden, die Bewunderung, die Anerkennung der anderen, der Aktiven. Ein Bewusstsein entsteht: Du hast ein Recht darauf, weil du mehr leidest als die anderen, die vielleicht weniger sensibel, weniger geistig angelegt sind. Man will gefallen auf seine eigene besondere Weise.

Jede Kritik empfand ich als Kränkung, weil mein Selbstgefühl schwach ausgeprägt ist. Einen Ausweg aus der Misere bot die Gestaltung eigener Probleme. In meinem Fall: das Schreiben. Die Wunde wird dem Künstler zum Anlass, ob zum Schreiben, zum Malen oder Komponieren. Er leidet an sich selbst, seinem Verhältnis zu den Mitmenschen. Seine Schwäche wird zu einer geistigen Stärke umfunktioniert. Als Schriftsteller besitze ich nur ein fragmentarisches, schmerzendes, kein harmonisches Ich. Ich leide unter einer gebrochenen Identität. Die inneren Konflikte drängten zum Ausdruck. So gut es ging versuchte ich, den Konflikten mit anderen aus dem Weg zu gehen. Ein Ausweg bot sich: das Ausüben eines Talents, über das andere nicht verfügen.

Der Schriftsteller erfindet Figuren. In ihnen kann er seine eigenen inneren Konflikte und Erlebnisse darstellen. Er verteilt sie auf verschiedene Personen. Statt seiner kann er die fiktiven Figuren einer Analyse aussetzen. Sartre sagt: Die Fiktion (Erfindung) gibt dem Autor die Gelegenheit zu sagen, was er fühlt.

In die erfundenen Figuren projiziert der Dichter seine Wünsche, Ängste, Hoffnungen. In diesen Figuren kann er, ohne ein Schamgefühl zu haben, aufdecken, wofür er sich selbst als Mensch in eigener Person schämen würde. Er fühlt sich frei, weil er sich nicht verantworten muss für das, was er seine Figuren tun und sagen lässt. Das Darstellen von Figuren lindert sein Gefühl von Mangel an einer Ich-Identität. Sein persönlicher Mikrokosmos wird für den Autor zu einer Art

Makrokosmos. Authentische Erfahrungen, Beobachtungen gehen mit der schöpferischen Fantasie eine Verbindung ein.

Viele Kinder verhalten sich ähnlich. Sie erschaffen eine eigene Welt. Sie bringen die Dinge ihrer Welt in eine neue Ordnung. Kinder lehnen ihre Welt an sichtbare Dinge der wirklichen Welt an.

Der Autor tut fast dasselbe. Er erschafft eine Fantasiewelt, die er mit seinen Problemen und Emotionen ausstattet. Diese Welt ist von der wirklichen jedoch getrennt. Fantasiegebilde entstehen aus wechselnden Lebenseindrücken. Ich war immer ein Tagträumer. Romane haben oft einen Helden, der im Mittelpunkt des Interesses steht. Als Autor suche ich, Sympathie oder auch nur Interesse für den Helden zu wecken, weil ich mich hinter dieser Figur verstecke.

Ich habe durch Selbstbeobachtung mein wenig harmonisches Ich in Segmente zu zerlegen versucht. So konnte ich die Konflikte meines Seelenlebens in verschiedenen Personen darstellen.

Ich meine, dass ein guter Roman inneres und weniger äußeres Geschehen darstellen soll. Ich schätze nur Leser, die sich für das innere Leben meiner Figuren interessieren. Sei es, dass sie sich in ihnen, wenn auch nur partiell, wiederfinden oder genügend Fantasie und Sensibilität besitzen, um sich in sie hineinzuversetzen. Ich halte nichts von Romanen, in denen das äußere Geschehen um seiner selbst willen da ist.

Schopenhauer sagt einmal: Die Kunst beginnt da, wo mit geringem Aufwand von Aktionen das innere Leben (Reflexionen) der Figuren in Bewegung gebracht wird.

Als Romancier möchte ich in innere Schichten vordringen, die sichtbare Welt mit ihrem lauten Geschehen tritt zurück. Ich schreibe nur, wenn ich von etwas besessen bin. Das Schreiben war nie ein Hobby. Talent setzt sicher eine besondere Sensibilität voraus. Diese Sensibilität ist eher eine Last. Ich habe sie immer als solche empfunden. Sie war im praktischen Leben eher hinderlich.

Als geistig veranlagter Schüler hatte ich Hemmungen, vor anderen zuzugeben, dass ich Literatur und Philosophie für wichtig nehme. Mir fehlte, obwohl ich körperlich robust war, die Lust zu sportlichen Spielen, die bei meinen Mitschülern eine große Rolle spielten. Ich scheute vor Mitmenschen zurück. Es fiel mir immer schwer, in ein vertrauliches Verhältnis mit ihnen einzutreten. Aber ich verstand es, die Miene der Freundlichkeit und Liebenswürdigkeit aufzusetzen in der Absicht, sympathisch zu wirken. So bekam ich auch Freunde.

Meine literarischen Ambitionen waren nie auf Popularität oder kommerziellen Erfolg gerichtet, ich wollte nie berühmt werden. Ich fühlte mich zum Schreiben seit meiner Kindheit und Jugend berufen und hatte doch eine Angst vor dem Ausüben des Berufes, der, wenn man ihn ernst nimmt, einsam macht. Ich schätze mich selbst zu gering ein, um nicht Furcht vor einem öffentlichen Erfolg zu haben. Aufgrund meines Wesens hatte ich zeitlebens Angst, in eine Isolierung gebracht zu werden. Ich wünschte mir, Aufmerksamkeit und Lob zu bekommen. Zugleich hatte ich Angst, bekannt zu werden. Mein Wesen ist in vieler Hinsicht zwiespältig. Ich liebe das Leben und verachte es zugleich. Ich sehne mich nach jeder noch so harmlosen Ausschweifung, um dann das »Leben« übersteigend transzendieren zu können. Ich nehme mich natürlich selbst sehr wichtig, vor allem meine schriftstellerische Arbeit.

Zugleich erkenne ich die Eitelkeit, die darin liegt. Mein Leben bestand vor allem aus inneren Kämpfen, unterbrochen zuweilen von einer Genusssucht, der ich mich auf Zeit hinzugeben vermochte. Ich war immer ein auf mich, das heißt auf meine Gefühle und Probleme konzentrierter Einzelgänger.

Mit 14 Jahren las ich Tonio Kröger von Thomas Mann – eine für mich spannende Lektüre, weil ich mich darin wiederentdeckte. Äußere Spannung (Krimis und Thriller) hat mich nie interessiert. Ich besaß schon als Schüler gegenüber den anderen ein Bewusstsein geistiger Überlegenheit. Nur zeigen wollte ich es nicht. Ich litt bis ins Alter unter einem manischen Lebenshunger. Ich versuchte immer, auf andere kräftig, robust, selbstbewusst und sogar unsensibel zu wirken. Ich bin sehr verletzlich und deswegen gezwungen, diese Rolle aus Selbstschutz zu spielen. Ich gehöre nicht zu den Schriftstellern, die in ihren Büchern einen Sinn stiften wollen. Meine frühen literarischen Versuche begannen schon 1947 und 1948. Ich war von meiner Bestimmung als Autor seit meiner späten Kindheit überzeugt.

Der moderne Roman

Gedankensplitter Zitate

Die Frage ist von vornherein falsch gestellt. Literatur, die diesen Titel verdient, ist immer engagiert. Wie ist der Mensch mit seiner Zeit, in die er hineingeboren wurde, fertig geworden? Ist er gescheitert? Wie ist er mit sich fertig geworden? Der Mensch ist ein Wesen, das mit sich Zwiesprache hält. Wer bin ich? Das Individuum ist heute in Gefahr. Der Mensch soll funktionieren, Teil eines Ganzen sein. Aber der Mensch hat eine Verpflichtung sich selbst gegenüber. Literatur zeigt Menschen, die mit sich ringen, sich zu finden suchen. Und eine Minderheit von Lesern wartet darauf, dass ihnen diese Menschen gezeigt werden, um sich mit ihnen identifizieren zu können. Sie wollen sich wiederfinden mit ihren Problemen, Sorgen, ihrem Kummer, mit ihrer geistigen Not. Literatur spricht für diese Minderheit von Menschen, die einsam suchen, innerlich zerrissen sind, hilflos umherirren. Der Autor soll deren Zustand nicht benennen, sondern in lebendigen Menschen gestalten.

Literatur hat einen monologischen Charakter. Der Autor schreibt, er schreibt weiter, ohne das Gegenüber zu kennen, doch in dem Glauben, dass jemand, der sich in ähnlicher Not befindet, seine Stimme vernimmt. In der realen Welt: Es gibt natürlich andere Sorgen, andere Probleme. Jeder Schriftsteller ist gebunden und eingeschlossen in seinen Kulturkreis. Er kann auch nur seine individuelle Wahrheit ausdrücken.

Max Frisch sagte einmal: »Ein Mensch, der veröffentlicht, will aus seiner Einsamkeit befreit werden. Er gibt Regungen preis, die er unter vier Augen nie aussprechen würde, weil er sich hinter Figuren verstecken kann.«

Warum schreibt man? Um die Welt zu verändern? Nein. Literatur kann nichts verändern. Viele schreiben, um die Welt, vor allem sich selbst ertragen zu können. Die Frage, ob der Autor eine Verantwortung gegenüber der Gesellschaft hat, ist abwegig. Einige schreiben auch, um in der Öffentlichkeit zu sein, aus Eitelkeit und in der Hoffnung, einmal berühmt zu werden. Aber diese Autoren sind keine wahren Künstler.

Seit Urzeiten besteht ein Drang, die inneren Dämonen zu bannen, indem man sie an die Wand malt. Das Bedürfnis nach Kommunikation ist groß. Besser: nach Telekommunikation.

Max Frisch: »Man schreibt, gibt Zeichen von sich, Angst, im Dschungel allein zu sein.«

Es ist die Sehnsucht nach Menschen in der Welt, die nicht persönlich mit dem Autor verbunden sind.

Geist und Politik sind nicht zu trennen. Man kann kein unpolitischer Kulturmensch sein. Kultur gerät in Gefahr, wenn es ihr am politischen Instinkt mangelt (ein Grund für die Katastrophe des Nationalsozialismus).

Schopenhauer: »Vernunft ist oft ein Werkzeug des Lebenstriebes. Der Staat ist ein notwendiges Übel.«

Thomas Mann: »Verzicht des Geistes auf Politik ist ein Irrtum. Man kann nicht der Politik entgehen.« Thomas Mann weiter: »Das Politische und Soziale ist ein Teil der Humanität.«

Es gibt einen antidemokratischen Hochmut des Geistes. Andererseits darf auch Politik nicht zur Totalität werden. Dann wird der Freiheit ein Ende gesetzt. Der Kulturbürger mit seiner hilflosen humanistischen Bildung wurde nach Weimar zum Opfer einer totalen Politik.

Warum das Hinauszögern? Weil ich meine Berufung, das Schreiben, vielleicht zu ernst nehme? Mit dem Schreiben begann eine neue Epoche. Das Hinauszögern war Ausdruck einer latenten Angst, sich mit sich selbst auseinandersetzen zu müssen. Die Angst, zu sich selbst zu kommen, den Flucht-weg von sich weg revidieren zu müssen, wieder bei sich sein, zur eigentlichen Existenz finden. Warum ist das so schwer? Angst vor der Konfrontation mit den eigenen Problemen, die im Unterbewusstsein lauern?

Gedanken von Wolfgang Köppen: Erstens: Der Verzicht auf Glück ist die Ursache des Schreibens. Zweitens: Ein echter Autor liest keine Kritiken, kümmert sich nicht um Ruhm. Drittens: Man sollte vom Schreiben nicht leben müssen.

Martin Heidegger wollte die Sprache aufbrechen, die Sprache mit ihren Redewendungen. In der Sprache hat sich das Den-ken verkrustet. Wenn ich die Sprache aufbreche, breche ich verkrustetes Denken auf. Eine neue Sicht entsteht.

Weil wir so sprechen, müssen wir auch so sehen. Floskeln, Klischees verstellen die Sicht. Mit ihnen decken wir das Sein zu. Es verbirgt sich, wie es bei Heidegger heißt.

Wie können wir zu einem ursprünglichen Sehen zurückkehren? Wir haben ein naives Verhältnis im Umgang mit der Sprache. Aber über das Material Sprache zu reflektieren ist wichtig.

Wir reflektieren die erzählerischen Mittel. Ich wachse in eine Sprache hinein, benutze sie – vorgeprägte Denk- und Erlebnis-muster, die ich kritiklos übernehme.

Heidegger wollte die Wahrheit. Ich will sie nicht, ich habe

Angst vor ihr. Ich habe Angst vor der Fratze des Nichts. Die herkömmliche Sprache kann wie eine Droge wirken. Mit ihr kann man sich betäuben, um vor der Wahrheit zu fliehen.

Ich kann mich nur für Menschen interessieren, die es innerlich schwerer haben als andere. Eine bewusste Sinnstiftung bei Schriftstellern ist mir immer suspekt gewesen. Trotzdem: Ich vertrete eine bestimmte Idee von Literatur.

Urweider lasse ich davon träumen, einmal der zu sein, der er nicht sein kann. Nur zu einem Teil versteckt sich hinter der Figur Urweider der Autor selbst.

Viele meiner Figuren sind gebrochene Identitäten (Wilnius, König, Beck, Leiser). In allen Büchern gibt es eine oder zwei Zentralfiguren und eine Achse, eine dem Stoff dienliche Struktur. Oder einen Milieurahmen, der alles zusammenhält. Auf einen künstlich konstruierten Spannungsbogen habe ich bewusst verzichtet.

Mich interessieren haltlose, von innen gefährdete Menschen, welche sich am Rande des Abgrundes bewegen. Wie viele Menschen habe ich beobachten können, welche ein ungeordnetes Selbst besaßen, das nur aus Lüsten, Süchten, aber auch aus kreativen Impulsen zu bestehen schien.

Nach zwei Weltkriegen und grausamen Diktaturen der letzten hundert Jahre wissen wir um Abgründe, die das menschliche Dasein absurd erscheinen lassen. So habe ich die Welt in meiner Kindheit erlebt: eine Welt der glücklichen und traurigen Zufälle, aber ohne jeden erkennbaren Sinnzusammenhang. Leben und Tod gehen ineinander über, sind fast austauschbar. Glücksgefühle erlebte ich nur in der Natur.

Meine Leitmotive

1. Menschen, deren Leben in eine Krise geraten ist oder die sich in einer Dauerkrise befinden.

2. Komplizierte Einzelgänger. Außenseiter, welche mit der Zeit, in die sie hineingeboren sind, nicht zurechtkommen.

3. Verlierertypen, die, vom Leben enttäuscht und entmutigt, sich zu keinem echten, für sie sinnvollen Engagement mehr entschließen können. Depressive, Tagträumer, Einsame, heimliche Gottsucher.

4. Die Macht des undurchdringlichen Zufalls, deren Willkür die Menschen ausgesetzt sind. Der unkalkulierbare Zufall, der Menschen beglücken und vernichten kann.

Die Furcht meiner Helden, das Leben zu versäumen. Die Versäumnisangst wird umso größer, je lauter die Uhr tickt. Der Versuch, seine Identität nicht zu verlieren, indem man sich dem Zeitgeist verweigert.

In Romanen probiere ich mehrere Verhaltensmuster meiner selbst aus (Urweider, Wilnius). Wirkliche Existenz erhalten diese Muster nur in den Büchern. Als Autor bin ich weder mit Urweider noch mit Wilnius identisch. Ich habe nie versucht, die Leser mit einem versöhnlichen Ende zu besänftigen.

Ich habe eine Neigung zur Karikatur und zur Satire. In meinen Büchern strebte ich nie eine aktuelle Wirkung an. Es gibt – wenigstens nicht beabsichtigt – keine Identifikationsangebote. Viele Autoren versuchen, den Leser »bei sich«

abzuholen. Köppen sagte einmal: Meine Literatur ist ein Monolog gegen die Welt. Reich-Ranicki nennt ihn einen Dichter der Resignation.

Ein Leser erkennt vielleicht im Roman, was er ohne den Autor selbst in sich nie entdeckt hätte.

Meine Intention: das Leben darzustellen in seiner Vielfalt und Buntheit, ohne ihm einen Sinn zu unterstellen. Ich habe keine offene oder versteckte Botschaft. Ich versuche, das Leben mit Zufällen in seiner Rätselhaftigkeit, mit seinen Widersprüchen darzustellen. Ich möchte durch meine Bücher den Blickwinkel des Lesers weiten, auch wenn ein Gefühl für das Absurde unseres Daseins entsteht. Die Realität, die uns umgibt, kann als ein Pandämonium erscheinen. Pandämonium. Was meine ich? Ich bekomme keine Ordnung, keinen Sinn in das Geschehen dieser Welt. Das macht mich unruhig. Literatur des Absurden hat mich in meiner Jugendzeit geprägt. Viele meiner Figuren lasse ich Tagebuch schreiben. Sie enthalten Gedanken über unbewältigte Konflikte. Tagebücher und Notizbücher bilden die Keimzelle meiner Bücher. Ich habe zwar eine Schwäche für Außenseiter, psychisch Beladene, Vereinsamte, Menschen am Rande der Gesellschaft, aber ich liebe auch Genießer und Tagträumer. Von allen Typen glaube ich ein wenig in mir zu haben.

Ich möchte das Leben, so wie es sich mir darbietet, in Ausschnitten darstellen. Ich lehne jede Ideologie ab, jede Botschaft. Das Leben fasziniert in seiner Unergründlichkeit.

Verlust der Mitte. Ohne eine Mitte kann der Mensch die ihm begegnenden widersprüchlichen Kräfte in sich selbst und in der Welt draußen nicht ordnen. Wir leben in einer zwar technisch zivilisierten, aber überreizten, zügellosen Gesellschaft. Heute

24

haben wir es mit einem verwöhnten Konsummenschen zu tun, der seine Wünsche ungehemmt befriedigen will.

Das Leben ist für die Moderne so komplex, dass es nicht mehr in einem Nacheinander erzählbar ist. Man muss erzählen, wie sich die Probleme und Wahrnehmungen ungeordnet im Kopf bilden. Die unübersehbare, unzusammenhängende Welt kann nur in Collagen eingefangen werden. Jede Illusion eines geordneten sinnvollen Ganzen ist zerstört. Der Autor muss die Welt, zunächst einmal seine Welt, in Teile auflösen, durch Reflexion ständig den Erzählfluss unterbrechen. Der Roman kann keine Entwicklung mehr aufzeigen. Ereignisse lassen sich nicht kausal verketten.

Was bleibt? Das Aneinanderreihen von Bildern und Szenen, vielleicht noch kurzen Episoden.

Virginia Woolf zeigte die Verknüpfung von Wahrnehmungen. Der Mensch wird in Augenblicke aufgelöst. Das Nebeneinander zerfließt zugleich. Im ständigen Vor und Zurück zerbricht die Zeitenfolge. Ich habe meine persönlichen authentischen Schwächen in einigen Büchern fantasievoll ins Extreme gesteigert. Oft dachte ich: Du hast Glück gehabt, dass du diesen von dir erfundenen Weg nicht selbst gehen musstest.

Meine Figuren leiden an sich selbst, an ihrer inneren Unordnung und an der Zeit, in die sie hineingeboren sind. Ich versuche, mich der Realität, der inneren und äußeren, durch Schreiben zu erwehren.

Meine Figuren haben Probleme, leiden unter ihrer Gebrochenheit, Haltlosigkeit, ergeben sich dem Trunk. Heimlich sehnen sie sich nach einem ganzheitlichen geordneten Leben, das ihnen ermöglicht, mehrere Facetten ihres Wesens zu verwirklichen.

Montaigne meinte schon: Wir sind aus Flicken zusammengesetzt, ungestalt und kunterbunt. Jedes Stück treibt jeden Augenblick sein eigenes Spiel. Heidegger: Wege müssen begangen werden, um sie dann hinter sich zu lassen. Nur so geht es vorwärts.

Horkheimer: Es droht der Tod des Individuums in einer total verwalteten Welt durch moderne Technik.

Verlust des Glaubens an übergreifende Sinnzusammenhänge. Das Gefühl eines Unbehaustseins in dieser Welt durch Aktionen, Betriebsamkeit, rastloses Schweifen zu betäuben versuchen. Moderne Literatur zeigt einen fragmentarischen Ausschnitt der Welt und des menschlichen Daseins.

Lucàcz: Die Sinnlosigkeit der Welt wird in einer kommentarlosen Darstellung im Roman zur Gestalt.

Bei mir ist die philosophische Absicht dominierend, nicht die gesellschaftskritische. Mein innerer Erfolg beglückte während der ersten kreativen Jahre. Später brachte die öffentliche Resonanz das eigentliche Erfolgserlebnis.

Der »verlorene Sohn« in der Version von André Gide: Der Junge bedurfte der Fremde. Es war ein notwendiger Umweg, um zu sich selbst zu finden.

Eine schnelle Szenenfolge wird dem Rastlosen unserer Zeit gerecht. Ein wirklicher Schriftsteller ist mit Reizbarkeit und einer gesteigerten Leidensfähigkeit »begnadet«.

Er nimmt sich wichtig, weil er sich hin und wieder quälen muss.

Thomas Bernhard: Ich habe nur noch zu mir selbst Kontakt.

Prätorius 1954: Die Welt hat ihre Stabilität eingebüßt, ist ins Maßlose komplex geworden, überfüllt von Fakten, zeit- und raumflüchtig.

Emily in »Our little town«: Die Menschen begreifen das Leben nicht, während sie leben. Sie leben zufrieden, aber blind.

Lucàcz: Der moderne Roman ist Ausdruck der transzendenten Obdachlosigkeit.

Aber die Wirklichkeit würde ohne einen Sinn, den ihr die Menschen zeitweilig unterlegen, ins Nichts, in die Wesenlosigkeit zerfallen.

Die Kontinuität zur Vergangenheit, aus der wir kommen, geht im Bewusstsein der Nur-Gegenwartsmenschen verloren. Deshalb müssen sie die Irrtümer ihrer Vorfahren unter anderen Bedingungen wiederholen.

Die Wirklichkeit ist unübersichtlich geworden. Man kann sie nicht mehr erzählen, nur noch in schnellen wechselnden Bildern festzuhalten versuchen. Aus einer realen oder fiktiven Montage des Heterogenen kann im Nachhinein eine Art Erzählung entstehen.

Eine geschlossene Handlung täuscht Einheit, Sinn vor, suggeriert Geschlossenheit und Homogenität in einer Welt, in der Chaos und Zufall herrschen.

Die Simultantechnik will die Vielfalt des modernen Lebens, das Zusammen heterogenster Erscheinungen wiedergeben, um die Fülle des konkreten Lebens einzufangen. Es ist eine Zusammenstellung des Disparaten.

Nur die bewusst gestaltete Nicht-Form, ihrem Wesen nach Fragment, kann dem Romangeschehen adäquat sein. Nicht das bewusst Geformte, Geordnete, das zu einer Ganzheit Geformte, nur die Anti-Form wird der inneren Unordnung gerecht.

Ein Wort zum »globalen« Roman: Er verlässt die provinzielle Enge. Nicht nur die einzelne thematisch begrenzte Prosaerzählung hat einen doppelten Boden, ein Gleichnis, sondern die globale Weite, welche das Simultane betont. Situationen, Dialogfetzen werden aneinandergereiht, um das Pandämonium unserer Zeit sichtbar zu machen.

Der Roman versucht, den Menschen zu zeigen inmitten seiner Schicht, in seinen Konflikten und Grenzsituationen.

Der Roman bezieht sich auf das Ganze der menschlichen Wirklichkeit.

Mein Thema ist der komplizierte Mensch an sich, nicht die Veränderung der Gesellschaft. Der Mensch in seiner psychischen und geistigen Hilflosigkeit, seiner Sinnsuche und Einsamkeit, sein inneres Gefährdetsein, seine Erwartungen an das Leben, sein Rückzug aus Illusionen und Träumen – das ist mein Thema. Meine Bücher bevölkern Menschen, die nie im Gleichgewicht sind, weil sie zum Extremen neigen. Meine Bücher versuchen, innere Nöte, Irrwege von Menschen zu zeigen, die komplizierter sind als die Masse der Menschen.

Das Motiv der Trunksucht (Droge allgemein) erscheint als Gleichnis unserer Zeit.

Mein erster Roman »Der Ferienschreiber« enthält eine Reihe von Motiven, die später immer wieder vorkommen. Ein »Abschied in Rom« behandelt die Relativität des Einzelnen und seinen Drang, sich und seine Probleme für wichtig zu nehmen. Um das zu verdeutlichen, bedurfte es einer globalen Weite, welche sich simultan in die Haupthandlung einfügt.

Jeder echte Autor fühlt sich mit seinen Kunstfiguren verwandt.

Oft wird im Roman ein aktuelles Problem thematisiert. Daher rührt das Interesse des Publikums. Es fehlt diesen Romanen meistens der doppelte Boden. Das Problem steht für sich. Es ist aktuell, es brennt und wird nach kurzer Zeit von einem neuen abgelöst. Ein Gleichnischarakter ist nicht erkennbar. Der Autor erfindet meistens zu dem aktuellen Problem eine spannende Geschichte. Sein Buch bedient das allgemeine Interesse und strebt ausschließlich die aktuelle Wirkung an.

Georg Büchner: »Jeder Mensch ist ein Abgrund. Es schwindelt einem, wenn man hinabsieht.«

Julien Green: »Ich verstehe nur den Mystiker und den Wüstling. Beide wollen das Absolute.«

Martin Walser: »Das Leben der Menschen ist eine Leidensgeschichte. Die Sprache der Literatur drückt dieses Leiden aus. Nicht wie Unrecht entsteht, sondern das Unrecht als solches, das jeder erleiden muss, ist das Thema.«

Kunst kann dort entstehen, wo innere quälende Spannung in Kreativität umgesetzt, also fruchtbar gemacht wird.

Sich für eine Minderheit einzusetzen ist heute zum modischen Ethos geworden.

Das Thema, das heißt der Stoff, das Problem drängt den Autor zum Schreiben. Deswegen sagt man, dass das Thema den Autor suchen muss und nicht umgekehrt. Für den Romancier gibt es kein Gesetz, das ihm vorgeschrieben wird.

Eine Collage darf nicht den Eindruck der Beliebigkeit machen und als ein zusammengewürfeltes Durcheinander erscheinen.

Der Formwandel des modernen Romans ist zeitgeschichtlich durch die immer komplexer scheinende Welt, durch Diskontinuität und den raschen Wechsel der Bilder bedingt.

Ein Minimum an Spannung ist notwendig, um Interesse für den Ablauf eines Geschehens beim Leser zu wecken.

Problemromane zeigen Abgründe. Sie zeigen die Hinfälligkeit des Menschen, seine inneren Konflikte, speziell sensibler und komplizierter Menschen. Sie zeigen Träumer und Einzelgänger – Menschen, die es aufgrund ihrer psychischen Konstitution etwas schwerer haben als andere. Leser mit einer ähnlichen inneren Struktur finden sich darin wieder. Es sind Menschen, die vielleicht auch einmal in ihrem Leben vom Sog eines Abgrunds erfasst wurden.

Eine »engagierte« Literatur, wie sie Sartre gefordert hat, und eine unpolitische Innerlichkeit müssen einander widersprechen.

Frankl: »Ich kann nur suchen nach dem Sinn meines Lebens.«
Und: »Die Krise des modernen Menschen ist auf ungenügende
Sinnerfüllung zurückzuführen.«

Heidegger: »Menschliches Dasein, das sich selbst zu verstehen
sucht und zu sich selbst verhält.« Heidegger spricht von »Jemei-
nigkeit«. Es geht um die Abgrenzung eines Ich-Bereiches.

Eine Persönlichkeit entsteht nur in der Relation zu sich selbst.
Dieses Sein ist dann »je meines«.

Der Mensch wird sich selbst zu einer offenen Frage: Wozu
bin ich da? Wozu bin ich entworfen? Viele entschließen sich,
einem Trend nachzugeben und ihn ebenso schnell wieder
aufzugeben, wenn der Wind sich dreht.

Max Frisch: »Jeder nach einem festen Konzept festgelegte
Handlungsverlauf mündet in die Unterstellung eines Sinns.
Es entsteht der Eindruck von Fügung. Das Gespielte hat ei-
nen Hang zum Sinn, welches das Nur-Gelebte nicht hat. Der
Erzähler hingegen kann Menschen heute sterben und morgen
wiederauferstehen lassen.«

Schon Jean Paul spricht von den Entwurzelten, den boden-
losen Fantasten. Roquairol im ›Titan‹ sei ein Mensch mit
»aufgeschwollenem Ich«. Es seien Menschen, die sich durch
Fantasie und Reflexion selbst zersetzen.

Jean Paul spricht von seinem eigenen, durch die Fantasie
»verfilzterten Herz«. Er spricht auch von einer negativen
zerstörenden Freiheit, die das Nichts erntet.

In der »Vorschule der Ästhetik« verurteilt er sich selbst. Menschen wie ihm werde das All zum Spielraum der Fantasie – bis zur Erschöpfung und Auszehrung. Der Dichter spricht von der gesetzlosen entgöttlichten Willkür des Zeitgeistes, die ichsüchtig die Welt und das All vernichtet.

Der Mensch kann sich der Determinierung durch die moderne Technik entreißen. Die Schule soll nicht nur auf die Welt von morgen vorbereiten, sondern vor allem an die Welt von gestern erinnern. Der Schüler sollte lernen, dem Geschehen, das ihn heute umgibt, bewusst gegenüberzutreten.

Die globale Welt: ein organisiertes geformtes Nichts. Das Durch- und Nebeneinander einer globalen Welt sinnlich im Roman zu veranschaulichen, das ist die Aufgabe.

Die Utopie vom unbegrenzten Sich-Ausleben ist zum fragwürdigen romantischen Traum geworden. Ein extremer Individualismus kann in einen totalen Nihilismus umschlagen.

Meine Figuren verbindet die Sehnsucht nach einem Erlöstsein, nach einer anderen Welt als der, in welcher sie zu leben gezwungen sind. Ihre Seele fühlt sich gefesselt. Sie sind unglücklich, weil sie kein Zuhause haben, in dem sie sich wohlfühlen können.

Viele Jugendliche suchen bewusst oder unbewusst nach einer »Speise«, die sie sättigen könnte. Aber sie finden keine.

Meine Bücher bevölkern Sonderlinge, seltsame Außenseiter, gescheiterte Existenzen, Irrläufer, Gott- und Selbstsucher. Menschen, die es schwerer haben als der normale Bürger, sich im Leben und Beruf zurechtzufinden. Sie leiden alle unter seelischen Krisen, die sie an den Rand des Abgrunds führen. Sie suchen eine Instanz, die das Leben trägt. Sie haben Angst, ins Bodenlose zu stürzen. Nichts weist über den Zufall hinaus.

Wolfgang Borchert in »Draußen vor der Tür«: Gott bejammert die Kinder, kann ihnen aber nicht helfen.

Gesellschaftliche Strukturen hindern uns oft, einen eigenen Weg zu finden. Die meisten kopieren und werden zu Abbildern ihrer Zeit. Wie kann ich mein eigentliches Ich leben, ohne dass dieses Ich von außen verbogen, von sich abgelenkt wird?

André Gide in »Der Immoralist«: »Jeder möchte sich selber am wenigsten gleichen. Jeder nimmt sich einen Herrn und ahmt ihn nach. Oft nimmt er einen schon von anderen gewählten Herrn.«

Fontane: »Suchen wir den Beifall der Menge, bedeutet er uns etwas? Der gute Schriftsteller hat kein Vertrauen in den sichtbaren äußeren Erfolg.«

Aus Tagebüchern

Erinnerungen an die Kindheit. Unter mir tat sich ein Abgrund auf, das Gefühl, überall in feindliche Gesichter zu blicken und von Menschen umgeben zu sein, denen man nicht trauen kann. Die Kriegserlebnisse wirkten nach. Das Gefühl, von allen verlassen zu sein. Es gab keinen mehr, der zu einem hielt. Jedes wohlmeinende Gesicht war nur eine Maske gewesen. Wenn die Maske fiel, kam darunter eine Fratze zum Vorschein.

Während meiner intensiven Thomas-Mann-Studien 1956/57 tat ich einen Blick in den Abgrund. In welchen Abgrund? Es war ein Abgrund, der trübsinnig machte, weil »die Dinge immer komplizierter würden« (Tonio Kröger). Ich musste psychisch überleben und in den Jahren danach alles tun, um den Blick in die Tiefe nicht zu wiederholen. Ich hatte Anspruch darauf, nach all den Examina mein Leben endlich fröhlicher und problemloser gestalten zu können.

Meine Tagebücher der letzten zwei Jahre sind ein Dokument des Kampfes mit der »Acedia«. Eine Art Lethargie aus Angst. Sie verführt, sich lieber eifrig bei Vorbereitungen aufzuhalten als selbst zum Schreiben, zur kreativen Arbeit zu kommen.

Kierkegaard definiert die Acedia: Der Mensch stimme dann seinem eigenen Sein nicht zu, wolle mit ihm sich nicht identifizieren. Dieser Kampf mit der Acedia sei Ausdruck einer Verzweiflung, einer inneren Zerrissenheit. Der Mensch weiß, was er eigentlich sein sollte und doch zu schwach ist, um das mit seinem Willen durchzusetzen. Man weiß um eine Anlage, die ausgelebt werden muss. Man muss sich nur noch vor sich selbst verantworten. Das eigene Gewissen ist die letzte Instanz.

Es gibt eine Art Verdrängung einer geistigen und seelischen Anlage. Der Ruf nach Selbstverwirklichung wird aber unüberhörbar. Ohne diese Bemühung um Selbstverwirklichung ist eine Zufriedenheit im Leben nicht denkbar. Ein erfülltes Leben gelingt nur über diesen Weg. Ich habe mich zum Schreiben drei Jahre lang durchringen müssen (1990–93). Erst dann gelang es mir, die starken Hemmungen zu durchbrechen.

Eine Talkshow: Sie ist besorgt um ihren Unterhaltungswert und darf nicht zu exklusive und zu ernste Themen anpacken. Viele Menschen würden sich langweilen. Die Gefahr: Gewichtige Themen werden nur angerissen, im Plauderton und oft in einer Art Stammtischgeschwätz. So werden komplexe Themen behandelt, die eine Talkshow mit ihren Mitteln nicht bewältigen kann. Sie kann den Themen nicht gerecht werden, weil man unterhaltsam, also publikumswirksam bleiben muss. Es fehlt der Wille, etwas diskursiv voranzutreiben. Jede Talkshow, die mehr sein will als eine oberflächliche, unterhaltsam aufbereitete Show, ist ein Irrtum. Oft wird das Thema emotionalisiert. Statements werden abgegeben, ohne Argumente zu liefern. Die Teilnehmer sind zum Teil ideologisch geprägt oder Interessenvertreter.

Ein besonderer Film: »Die Einladung«.

Ein Junggeselle ist durch eine Erbschaft wohlhabend geworden. Neid und latente Aggression mischen sich in die lärmende Ausgelassenheit der Gäste. Eine heterogene Gesellschaft. Ein aufgedrehtes junges Mädchen, das so ausgelassen ist, dass es einen Striptease vorführt. Ein anderer Gast, der sich absondert und ständig nach Hause telefoniert. Es schwelt lange unter der Oberfläche, man wird grob in berauschtem Zustand, ausfallend, schließlich handgreiflich. Die Party endet in einer Missstimmung.

Eine Gesellschaftsstudie, die deutlich macht, wie schnell hinter der Fassade bürgerlicher Wohlanständigkeit Angst, Gewalt, Hass, Neid hervorbrechen können.

Bei Popp in Iphofen: Die Mittagssonne bricht durch die Scheiben, legt sich über die Tische der Gaststätte. Ich möchte Menschen darstellen, die sich im Konflikt mit sich selbst befinden und auch im Konflikt mir ihrer sozialen Umwelt. Meine Figuren leiden an sich selbst und an der Zeit, in die sie hineingeboren wurden. Ich stilisiere meine Probleme, um sie besser ertragen zu können. Ich kann aus dem Fundus authentischer Erlebnisse schöpfen.

1993: Der erste Schritt ist getan. Ich arbeite, endlich. Jetzt müssen Fleiß und Ausdauer mich begleiten. Die Schreibhemmung der letzten Zeit. Wo ist die Ursache zu suchen? Im Lebenshunger? Es war eine Angst, das Leben zu versäumen, wenn man schreibt. Seit zwei Jahren hat sich mein Wille, die Lebensgier zugunsten der Literatur zurückzunehmen, durchgesetzt.

In St. Johannis: Die Orgelmusik mutet heute chaotisch an, vor allem schwer und tragisch. Fast geht ein Stöhnen von ihr aus. Ich blicke aus dem Kirchenportal in den trüben Regentag.

Buntes welkes Laub bedeckt alle regennassen Wege des Kalkbergs. Plötzlich überkommt mich ein Glücksgefühl. Es ist kostbar, die Seele weitet sich. Aber das Gefühl verfliegt schnell wieder.

Ein Roman ist oft das Ergebnis eines transformierten Tagebuchs. Ich will den endgültigen Aufbruch in eine neue Zeit.

Ich springe über Regenpfützen. Am Horizont ein schmaler Lichtstreifen.

Ich lese Bollnow: Neue Geborgenheit.

Die bittere Erinnerung an die seelischen Qualen wird schwächer, die Angst auch. Die dunklen Stunden werden zur Vergangenheit, verblassen in der Ferne. Es steigt die Gefahr, dass mit dem steigenden Gefühl von Souveränität alles Vergangene mühelos wiederholbar erscheint.

Robert Walser glaubte, Literatur sei eine Art Flucht vor dem Leben. So unrecht hatte er nicht.

Sei froh, wenn du durchkommst, sagte meine Mutter oft. Ihr Resümee aus den Erfahrungen zweier Weltkriege.

Träume, Wachträume. Ich projizierte sie in eine Zukunft, die es später so nie gab. Ich musste mein drängendes Talent ausprobieren. Das habe ich gründlich getan. Und ich habe nicht auf das Leben verzichtet. Oder doch? Ja. Der Preis: auf Fröhlichkeit, Unbeschwertheit in einem gewissen Maße zu verzichten und leichte depressive Verstimmungen in kauf zu nehmen.

Goldener Oktober im Kurpark Lüneburg. Gelbrote Kastanienblätter schweben mir ins Gesicht. Über mir spannt sich der blaue Himmel. Ein stiller Vormittag, eine Oase außerhalb der städtischen Hektik. Ein Mann ruft nach seinem Hund.

Meine Prosa ist nicht gefällig. Die Brise wird gegen Mittag stärker, Blätter wirbeln durch die Luft. Ich kann schamloser schreiben, wenn ich mich hinter einer Kunstfigur verstecke.

Ein Kompromiss zwischen Leben und Schreiben ist für mich nie vorstellbar gewesen. Aber ich habe gegenüber meinem Talent meine Pflicht erfüllt. Ich werde von keinem Versäumnisgefühl gequält.

Ich will keine Programme mehr entwerfen. Wer die Gegenwart ständig an einer imaginären Zukunft misst, kann den Augenblick nicht mehr genießen. Fast alle Vorsätze sind ad absurdum geführt worden. Welchen Zweck erfüllt das Schmieden von Programmen? Ich tat fast immer das Gegenteil von dem, was ich mir vorgenommen hatte.

Mein Vater sorgte dafür, dass ich als Kind das Gefühl hatte, nur von Büchern umgeben zu sein. Im Bücherschrank meines Vaters lagen die Schätze, auch gute Trivialliteratur. Er hatte seit seiner Jugend viel gelesen und besaß ein großes literarisches Interesse. Gute Literatur, die es ernst meint, wirft dunkle Schatten auf das Leben. Triviales hat eine heitere Seite. Thomas Bernhard war unfreiwillig komisch. Aber ob er es sein wollte? Seine Art der Darstellung ist oft tragikomisch.

Reich-Ranicki: Jede gute Literatur hat autobiografische Züge, ohne autobiografisch zu sein.

Ratskeller Bremen. Mein fünftes Buch soll eine Riesencollage sein – die einzige noch mögliche Form des Romans in unserer Zeit. Kurze, zusammenhängende Geschichten, durch einen Rahmen zusammengehalten. Alles durcheinandergeschoben. Alles wird durch Szenen aus aller Welt unterbrochen. Ein globales Spektrum. Ein Roman der Zukunft, welcher die provinzielle Enge sprengt. Das globale Nebeneinander bewegt mich, in das kein Sinn zu bringen ist.

Menschen waren immer grausam, haben gemordet, geplündert, vergewaltigt. Neu ist nur, dass die Welt daran Anteil nimmt (Informationsgesellschaft). Nachrichten und Bilder kommen in die Wohnstube. Keine Gesellschaft zuvor konnte so raffiniert manipuliert werden.

Die Stadt Würzburg und die Spitäler wurden im Laufe der Jahre für mich zu einem Mythos. Hier ließ sich ausruhen und schreiben. Das Juliusspital ist eine Oase. Hier kann ich schreiben. Ich wusste schon früher als Lehrer: Der letzte Teil des Lebens hält für mich die Literaturzeit, eine kreative Zeit bereit. Jeder sieht anders, erlebt anders. Jeder färbt die Wirklichkeit anders ein und schafft seine Wirklichkeit. Was habe ich allein von 1991 bis 96 hier geschrieben, hier im Juliusspital. Die Kellner sehen mich nur schreibend. Ohne die Flucht nach Würzburg hätte ich das letzte Schuljahr 1989 nicht gut überstanden. Ich hatte immer eine stille Angst vor meinen inneren Möglichkeiten. Ich darf keine Angst vor dem Erfolg haben. Ich habe mich immer vor der Einsamkeit des Schriftstellers gefürchtet.

Ich muss meinen Eltern eigentlich dankbar sein. Denn wer sich mit Feinden des NS-Regimes solidarisierte, wurde vernichtet. Diese Erfahrung hatte meine Eltern geprägt.

Das Urerlebnis meiner Kindheit: Die Welt ist permanent aus den Fugen.

Haben die Kriegserlebnisse der Kindheit den Keim gelegt? Mich entscheidend geprägt? Meine fast zynische Einstellung gegenüber allem, was durch Einsatz sich hervortun will. Ein Konformist damals zu sein, erschien so bequem. Die zweite Stimme regte sich, aber sie war zu schwach, um sich dem Sog entgegenzustellen. Wir wollten überleben.

Eine große Rolle spielte die Angst, in eine Konfliktsituation mit unabsehbaren Folgen zu geraten. Die elterliche Erziehung förderte diese Angst, stärkte das elementare Sich-selbst-erhalten-Wollen. Eine kritische Einsicht hatte keine Chance, das Handeln zu beeinflussen.
Die innere Disharmonie wurde zu einer Energiequelle, zur Voraussetzung für meine kreative Arbeit. Das Gleiche gilt für den Leser, bei dem eine innere Affinität zur Problemwelt des Künstlers unabdingbar ist. Der Leser muss sich wiederfinden. Schreib- und Lebensimpuls lagen bei mir immer im Widerstreit.

Jugend und Lebensgier liegen hinter mir. Jetzt bleibt die Literatur. Habe ich nicht mein ganzes Leben darauf gewartet?

Der Balkon, auf dem ich Wein trinke und Käse esse, liegt im hellen Mondschein. Der mich seit meiner Jugend quälende Impuls, in die Ferne zu schweifen, geht langsam zurück. Der Impuls, sich zum Schreiben in eine »Höhle« zurückzuziehen, wird dagegen mächtiger.

Mit fünfzehn und sechzehn Jahren schrieb ich in Rotenburg im Lintel auf dem Moos des Waldbodens. Mein Vorbild: Heinrich Heine.

Ist allen Menschen ein Weg vorgezeichnet? Suchen sie ihn? Viele können sicher wählen oder sich nicht entscheiden. Die meisten Menschen fühlen sich in einfachen Jobs wohl, weil sie nicht mehr »in sich haben«, wie meine Mutter sagen würde. Also etwas, was sie in eine Richtung, auf einen Weg drängt.

Ein Besuch mit Jule in München, Arabella-Hotel. München im Schnee. Pfälzer Weinstuben. Mit der U-Bahn vom Arabella-Park zum Odeons-Platz. Mein Leben fängt an, sich zu konzentrieren mit fast 60 Jahren. Winterstimmung. Verschneiter Residenzgarten. 16 Uhr. Stille am Nachmittag. Ein paar Krähen hüpfen in den Hecken, den kahlen harten Hecken. Kaum Menschen. Eine schwache kalte Sonne erscheint kurz hinter der Theatiner-Kirche. Um 17 Uhr noch einmal im Pfälzer. Menschen drängen sich. Bajuwarischer Klamauk. Gesichter mit röhrenden Alkoholikerstimmen. Man muss gegen den Todesgedanken anschreien. Bei Dallmayr. Dann in St. Michael mit seiner großartigen Tonne. Der verjüngte Chorraum. Sanfte Orgeltöne erfüllen das Schiff. Wandpfeiler, Nischen mit Seitenaltären. 18 Uhr am Stachus. Greenpeace-Aktivisten. Kampf gegen das Abschlachten der Wale. 19 Uhr mit Jule im Möwenpick. Am nächsten Morgen: Blick vom Arabella-Hotel auf die schneebedeckten weißen Dächer der Umgebung. 11 Uhr Alte Pinakothek. 13 Uhr beim Weizenbier im Hofbräuhaus. 14 Uhr Spaziergang in den Isar-Anlagen. Mit einer Straßenbahn zurück in die City. Überall noch Schnee. Vom Sendlinger Tor bis zum Viktualienmarkt. Ein Dunkles im Augustiner. 16 Uhr Sonne im Residenzgarten. Es taut, aber überall noch verharschter schmutziger Schnee. 06.03. (der nächste Tag): sieben Uhr morgens, München wieder im Schneegestöber. Mit der U-Bahn zum Hauptbahnhof.

Vor der Kapelle in Randersacker.

Ich glaube an mich und meine Begabung. Es ist plötzlich schön zu leben.

Mittagsstille, allein. Vom Kirchturm unten im Dorf die Glocke. Saatkrähen schreien und Dohlen. Warum kann man diese Stunde nicht anhalten, diese wohltuende milde Novembersonne. Unten im Tal fern die Geräusche hektischer Betriebsamkeit. Die einen kreischen, lachen, saufen, und andere sterben jetzt irgendwo. Die Kinder, die der englische Befehlshaber Harris zu Tausenden hat morden lassen, sie konnten Hitler nicht gewählt haben. Mein ganzes Leben ist im Grunde auf Schreiben programmiert. Schreiben – ein Königsweg der Resignierten? Vielleicht. Es ist auf keinen Fall nur eine Form der Lebensbejahung.

In den letzten Tagen ist mir die Endlichkeit des Lebens besonders bewusst geworden. Alles Anschaffen, zum Beispiel das von Büchern, erscheint sinnlos im Angesicht der noch verbleibenden Zeit. Mein Lebenswerk: mein Wirken als Lehrer, der ein Kulturgut weitergibt, wie es der Arbeit eines Konzertpianisten entspricht. Die Rahmenbedingungen wurden von Jahr zu Jahr schlechter. Meine Leidenschaft bis zuletzt: den Schülern Philosophie, Literatur und das römische Erbe zu vermitteln.

Die Ethik, nach der ich von beiden Elternteilen erzogen wurde: nie für ein allgemeines Unrecht kämpfen, sich anpassen und den Trend beobachten. Sich erst dann wehren, wenn man selbst angegriffen wird. Nur dann kommt man mit Glück durch das Leben.

Die Erziehung meiner Eltern, denen ich vertraute, löste einen lebenslangen Zwiespalt in mir aus. Denn bei dieser Moral rührt sich zuweilen ein zweites Gewissen (neben dem Über-Ich). Dieses Gewissen wehrt sich gegen das Verhalten, das während der Kindheit verinnerlicht wurde. Aber wer will nach den Katastrophen des letzten Jahrhunderts, vor dem Hintergrund des Naziregimes und der brutalen Machenschaften, in denen Menschen zu Bestien wurden, noch den Märtyrer spielen. Vielleicht muss man vergessen, wozu Menschen fähig sind, um wieder Mut schöpfen zu können.
In mir lauert eine Versuchung, welche suggeriert, dass Einsamkeit etwas Süßes ist. Ein Erbe meines Vaters. Ein destruktiver Trieb, der zunächst mit Libido zu verführen versucht, dann das Opfer verzweifelt zurücklässt. Eine Kontrastimme zum Erostrieb.

Weil ich als Kind in den Abgrund geschaut habe, erschienen mir später alle nicht angepassten Rebellen nach dem Wiederaufbau und dem Wirtschaftsaufschwung lächerlich, ja pubertär.

Ein gutes Buch kann bewirken, dass ein Einzelner sich und seine Umwelt besser versteht. Vielleicht erhält der Leser eine neue Sicht auf die Dinge, die Menschen und deren Verhalten. Aber Literatur kann nicht die Gesellschaft verändern.

Mich interessieren nur Menschen, die von inneren Spannungen gezeichnet sind.

Viele Menschen leben »monadenhaft« in ihrer Welt, sie durchschauen keine tieferen Ursachen. Sie interessieren sich für nichts, was außerhalb dieser ihrer Welt ist. Es gibt andere Naturen. Für sie wird die Welt zum Problem.

O. F. Bollnow: Der feindlichen Welt einen Raum des friedlichen Wohnens abgewinnen, darauf kommt alles an.

Verlage müssen kommerzielle Unternehmen sein. »Erfolg« wird am Gewinn gemessen. Mein Verleger verlangt keine Signierstunden in Buchhandlungen oder Lesereisen.

Mein Verleger sagte in Leipzig: Ein Literaturprodukt muss als Ware taugen. Wir leben in einer Gesellschaft, in der Waren produziert werden. Eine Kulturindustrie. Die Ware, das Profitmotiv, wird auf geistige Werke übertragen. Ich verstehe. Ein Verlag, der diesem Zeitgeist nicht Rechnung trägt, geht zugrunde.

Die Feldpostbriefe meines Onkels Hinne bewegen mich. Sie stammen aus dem Ersten Weltkrieg. Er ist 1917 gefallen. Die Briefe sind an meinen Vater adressiert.

Hinne, der Verführte, der voller Begeisterung als Freiwilliger in den Krieg zog und schuldlos bezahlen musste. Sein früher Tod. Wenn meine Mutter früher sagte: Papis Bruder ist im Ersten Weltkrieg gefallen. Ganz jung, fügte sie meistens hinzu. Dann war das für mich etwas Abstraktes. Das ist mit einem Schlag durch die Briefe anders geworden. Jetzt steht die Tragik dieses einen und der anderen jungen Männer lebendig vor mir.

Seit langem hat mich innerlich nichts so bewegt wie diese Briefe. Ein menschliches Schicksal tat sich vor meinen Augen auf. Die Briefe von Ernie stellen eine Parallele dar: zwei junge Männer, die in ihrer Naivität auszogen, die Welt zu erobern. Hinnes Schicksal ist stellvertretend für all die anderen und doch etwas Einziges.

Mein Vater und sein Bruder Hinne verkörpern eine vergangene Welt. Ich möchte sie festhalten und kann es doch nicht. Festhalten wegen des Leides und der Opfer. Die Zeit verblasst hinter den Gräueltaten des Zweiten Weltkrieges. War alles umsonst? Eine Zeit leidvoller Schicksale reiht sich an die andere. Vielleicht geht es mir gar nicht um diesen einen Hinne. Er hat stellvertretend für mich gelitten, für Millionen anderer. Es geht mir um den Leidcharakter der Welt als solchem. Ich bewahre ein Andenken an den gläubigen Hinne, dessen Ehrgeiz es einmal war, Offizier zu werden. Dieser sinnlose Krieg, sinnlos wie alle Kriege.

Im Innersten habe ich Angst, zu sehr gelobt zu werden. Ich bin unterwegs auf der Suche nach einem Unbeschwertsein. Man fühlt sich einsam, wenn man gerühmt wird. Die Welt ist leer und wird für den Umschwärmten noch leerer. Ich singe das Lied von der Leere der Welt ohne Transzendenz. Würde ich dafür sehr gelobt werden, wäre ich mir der Vergänglichkeit einer Welt ohne Gott noch bewusster. Die letzten Fragen verblassen. Jede Eitelkeit verfliegt.

Sensibilität ohne metaphysische Geborgenheit befindet sich in einem leeren Raum. Das Schreiben wird zu einem Fluchtweg.

Ich wuchs in geordneten bürgerlichen Verhältnissen eines mittleren Beamtenhaushalts auf. Mein Vater korrekt und gewissenhaft, meine Mutter tüchtig, praktisch und liebevoll. Ich wurde mir meiner Sonderrolle früh bewusst, empfand sehr früh eine Neigung zur Literatur. Ein solider Lehrerberuf sollte mir die Möglichkeit bieten, mich ohne materielle Not dem Schreiben zu widmen. Ich schrieb seit meinem zwölften Lebensjahr. Kleine Romane, Erzählungen, Berichte. Mit den erfolgreich bestandenen Examina und der erfolgten Ernennung erfüllte ich die konservativ-bürgerlichen Vorstellungen der Familie.

Meinem mein ganzes Leben mich begleitenden Drang zum Schreiben konnte ich als Gymnasiallehrer nur zum Teil nachkommen.

Wir durchleben eine Epoche der Dekadenz. Der Aufbau liegt weit hinter uns. Der Zenit ist seit langem überschritten. Es wird lange dauern, bis wir dem materiellen Wohlstandsglück neue Werte entgegenstellen können. Sie müssen erst noch entdeckt werden. Die meisten Menschen leben, als sollten sie morgen sterben. Gegenwart ist absolut, wir ertragen keine Dauer mehr. Es gibt einen Horror vor der Leere. Die Signatur der Moderne: ungeduldig, ruhelos, gehetzt!

Saint-Exupéry gelesen. Der Dichter unterscheidet die Wohnenden von den Sesshaften. Nur die Wohnenden haben die Unheimlichkeit der Welt erkannt, die Bedrohlichkeit, die Polarität von begrenztem Heim und grenzenloser Wüste. Die Sesshaften wollen nur besitzen. Nur wer die Wüste durchwandert hat, weiß das Wohnen am Ende zu schätzen.

Ein Schüler hat ein Recht auf sein Privatleben. Dieses hat den Lehrer nicht zu interessieren. Nur im Notfall und auf eine Bitte hin sollte er Bezugsperson sein. Privat heißt: Zum Beispiel Liebeskummer, Ärger mit Eltern oder Mitschülern. Aber in einer kranken Gesellschaft muss der Lehrer mehr tun. Ich war nie neugierig, was das Privatleben meiner Schüler anging.

Den Sinn eines erfolgreichen Gymnasiums sehe ich auch heute noch in der Propädeutik, der formalen und materialen Vorbereitung auf ein Studium. Vor allem in der Erziehung zum kritischen Bürger, zur Urteilsfähigkeit und zur Ausdauer, zur Konzentration beim Arbeiten. Das Gymnasium ist heute – wie die Uni – zum Auffanglager geworden. Fachhochschulen sollen eine praxisorientierte Ausbildung vermitteln. Gymnasium und Uni sollten eine wissenschaftliche Propädeutik vermitteln.

Ein Kompromiss zwischen Leben und Schreiben ist für mich nie vorstellbar gewesen. Aber ich habe gegenüber meinem Talent meine Pflicht erfüllt. Ich werde von keinem Versäumnis-gefühl gequält.

Was ist mein größtes Hobby? Vielleicht mit dem Auto zu vagabundieren, durch unser Land und die europäischen Länder zu schweifen. Von Ort zu Ort, von Hotel zu Hotel, von Kirche zu Kirche, von Gasthof zu Gasthof, von Weinberg zu Weinberg.

Ich bin meiner Bestimmung, Schriftsteller zu werden, lange ausgewichen. Steckte dahinter die Angst, etwas vom Leben zu versäumen? Das Leben für das Schreiben zu opfern?

Für mich bemisst sich der gesellschaftliche Rang eines Menschen nach seiner Bildung. Für andere vielleicht nach der Größe ihres Autos.

Wir waren schon seit Jahren einander entfremdet, kamen nur noch routinemäßig zusammen. Es waren gute Bekannte, alle kreisten um sich, fast autistisch, erzählten über ihre eigenen Probleme, konnten niemals zuhören. Verlorene Abende. Sie bestanden aus Geschwätz. Jule und ich gingen meistens leer nach Hause. Ich wollte mich mit meinen Problemen anderen anvertrauen. Ich wäre auch offen für die Probleme anderer gewesen. Aber wir kreisten den ganzen Abend aneinander vorbei.

Aus der Süddeutschen Zeitung vom Februar 2010. Zitat: So viele Abiturienten, das liegt unmittelbar auf der Hand, können weder alle geeignet sein, höhere Berufe auszuüben noch können ihnen dafür ausreichend Stellen zur Verfügung stehen. Die Schwächeren unter ihnen sind also formal deutlich überqualifiziert, während die besseren über weite Strecken unterfordert sind. Anstatt nun die naheliegende Lehre zu ziehen und die Qualität der höheren Schulbildung durch engere Auswahl wieder zu verbessern, ruft das ganze Land, als hätte es den Verstand verloren: Wir brauchten nicht weniger, sondern noch mehr Gymnasiasten und Abiturienten.

Die Tagespolitik hat mich nur am Rande interessiert. Ich war immer auf der Suche nach der Wahrheit, und das hieß: auf der Suche nach mir selbst. Der tagespolitische Film lief oft an mir vorbei. Ich schätze die Demokratie und weiß, dass sie die einzige Staatsform ist, in welcher sich ein schwieriges Individuum wie ich entfalten kann. Ich schaue zu Menschen auf, die etwas Außerordentliches leisten. Ich verachte jede Art von nur elitärer Gesinnung. Ich leide unter dem Mittelmaß, unter Personen also, welche ohne Befähigung und mit Hilfe parteipolitischer Schläue hohe Ämter bekleiden.

Lebenshunger und Literatur empfand ich früher als Gegensätze. Heute weiß ich, dass sie eine dialektische Einheit bilden. Der innere Zwang zum Schreiben überwand alle Bedenken und Unlustgefühle. Ich schrieb weiter. Neue Bücher entstanden.

Würzburg, Bürgerspital, Februar 1991. Literaten mögen oft allein sein, einsam sind sie aber nie. Ein unsichtbares Band besteht zwischen ihnen - ein Wissen, daß nur das Leiden am Leben die notwendige Obsession schafft , um schreiben zu müssen.

Anmerkungen zu vier Romanen
und einer Erzählung

Gruppenreise

Gruppendynamik ist interessant. Zufällig zusammengewürfelte Personen verhalten sich innerhalb einer Gruppe individuell verschieden. Es entstehen Sympathien, Antipathien. Schwächere, Gutwillige locken bei einigen die Lust zum Dominieren hervor. Innerhalb der Gruppe bilden sich wieder Grüppchen wie Partikel, manchmal Monolithe. Ein Mitglied einer anderen Gruppe wird als Eindringling betrachtet. Ein unterschiedliches Verhältnis zum Gruppenführer. Es gibt Schwierige, Pflegeleichte, Harmlose, Einzelgänger, die zwischen den Grüppchen pendeln. Die soziale Herkunft spielt eine Rolle. Zunächst ein Abwarten, ein Belauern. Es gibt Alleinstehende und Pärchen, Originale, die auffallen wollen, Außenseiter, die nirgends Anschluss finden und zum Gespött aller werden.

Die Angst, sich zu isolieren, bestimmt das Verhalten vieler Menschen in der Gruppe.

Die Furcht vor Vergänglichkeit zieht sich leitmotivisch durch den ganzen Roman.

In der Gegenwart lebend sind sie fast ständig mit ihrer Vergangenheit beschäftigt, ohne sie aufarbeiten zu können.

Was könnte das Leben transzendieren? Diese Frage stellen sich direkt oder indirekt fast alle Figuren.

Die Unruhe ewigen Reisens, um vor sich selbst zu fliehen. Das Leben erscheint den meisten wie eine Kette zerstörter Illusionen.

Heisenberg: »Der Mensch hat die feindlichen Naturgewalten

technisch überwunden. Die Bedrohung kommt jetzt von den anderen Menschen. Der Mensch steht sich selbst gegenüber. Er begegnet sich selbst, wenn er auf andere Menschen stößt.«

Das Bedürfnis mancher Menschen, aus ihrem Leben ein Kunstwerk machen zu wollen – ein sinnvoll erkennbares Ganzes. Alle Teile, Epochen des Lebens sollen sich im Rückblick zu einer Gestalt fügen. Sie hoffen, dass am Ende der Sinn des Ganzen für sie sichtbar wird. Das wird im Roman ad absurdum geführt. Erkenne dich selbst. Das heißt, erkenne, dass du nur ein Mensch bist – andernfalls bist du ahnungslos. Man hetzt von Land zu Land, ohne an einer Stelle Fuß zu fassen. Keiner der Figuren ist für sich allein genommen eine komische Gestalt. Das Pathos gewisser Figuren wird durch den Tod Rugalls und das Ende der Gruppe relativiert.

Die Flucht vor der Leere ihres Daseins. Aber sie kehren mit leeren Händen zurück. Sie bleiben draußen, bekommen keinen inneren Bezug zu dem, was sie auf der Reise sehen.

Die ständig wechselnden Zeitebenen. Sie gehören zum Strukturprinzip innerhalb des Rahmens.

Der Roman behandelt die innere Realität von Menschen, nicht nur die äußere Wirklichkeit. Innere Realität: Träume, Fantasien, geheime Sehnsüchte, Befürchtungen, Erinnerungen, Traumata, Halluzinationen.

Kein lineares Erzählen. Die Szenen sind geschnitten wie im Film. Der Leser muss sich selbst seine Ordnung schaffen.

Zur Struktur: Erstens: eine längere Exposition. Zweitens: Die dann folgende lineare Erzählung wird von längeren expositionellen Teilen unterbrochen. Drittens: Der Schluss schließt an die Exposition des Anfangs an.

Die Menschen erscheinen wie gekettet an ihre Sorgen und Ängste, Animositäten bauen sich auf zwischen ihnen. Durch das traurige radikale Ende werden alle Probleme zu Scheinproblemen wie in einem Spiegel tragischer Ironie aufgefangen. Nicht der Autor ironisiert. Jeder Anspruch des Einzelnen ironisiert sich selbst, wenn er gemessen wird am Undurchschaubaren des Lebens und des Todes. Unter dieser Perspektive muss jede Lebensplanung begrenzt, beschränkt, tragikomisch erscheinen. Der Mensch vergisst, dass es Mächte gibt, plant hochmütig, strotzt von eingebildeter angemaßter Souveränität.

Rugall ist Außenseiter. Alle erleben, wie er sich zugrunde richtet. Es berührt einige nicht wirklich. Zum Teil moralisieren sie sein Verhalten, seine Haltlosigkeit, wenden sich entrüstet ab, sehen nur das äußere Verhalten.

Die erotische Obsession eines älteren Mannes zu einer jüngeren Frau. In das Buch ist ein Drama eingebaut: das Drama von Ifflock und Anne Brink. Das Leben will sich verjüngen, sich erneuern, das schon Erstarrte aufbrechen. Ifflocks trauriger Versuch, gegen das Altern anzuleben.

Hofknecht ist der Sesshafte, der Spießer, der sich vor der Bedrohtheit des Lebens verschließt, selbstherrlich und selbstgerecht das Verhalten anderer beurteilt. Er ist von akademischer Exklusivität.

Thorbrüggen will sich nicht auf das klassische Erbe zurückbesinnen und nicht in traditioneller Weise dichten. Er will zu den Zeitgenossen gehören, die lyrische Experimente wagen. Der Zwiespalt führt in die Schreibhemmung und totale Unzufriedenheit. Die auf der Reise vorgetragenen Gedichte sind der Tradition verpflichtet, wenn auch inhaltlich modernisiert.

Der gescheiterte Lehrer auf der einen und der Dichter, der sich im Kulturbetrieb nicht mehr zurechtfindet, auf der anderen Seite. Rugall geht an seiner Lebensführung zugrunde. Er ist haltlos, wechselt Frauen und Tätigkeiten.

Holger Klein: Durch Negation total die innere Mitte behaupten, das ist sein Weg. Ein Weg, wenn man kein Ziel hat, kein Ziel gefunden hat, dem man sich mit Leidenschaft hingeben kann. Der verbale Zynismus des Holger Klein ist nur eine Maske, hinter der er sein eigenes Wesen zu verstecken sucht. Der Kern des Holger Klein ist Weichheit. In ihm lebt ein Bedürfnis nach Liebe.

Elmar Thorbrüggen nimmt sich sehr wichtig – als Dichter, stellt seine subjektive Verfassung in den Vordergrund.

Peter Rugall erreicht als Einziger die Heimat, wenn auch als Toter. Christiane Hofknecht spürte in Paris die seelische Abhängigkeit ihres Freundes Thomas. Das reizte sie zu Bosheit und Aggressivität.

Auch vor dem Hintergrund indischer Elendsbilder erscheinen die Probleme einzelner Mitglieder der Gruppe anmaßend. Nicht einmal den Tod kann man planen. Die Zeit wird knapp für Ifflock. Er will ein Buch schreiben. Das Schicksal hat ihm nicht einmal ein kurzes Glück mit Anne Brink gegönnt. Ein einziger Ausspruch von ihrer Seite: »Sie sind mir sehr sympathisch«, hat Ifflock geblendet. Er deutet ihre Mimik und Gestik falsch, will es, muss es, weil er selbst verliebt ist. Im Buch »Gruppenreise« erleidet er einen amor fou. Thomas' und Christianes Einstellung zu Liebe und Sex haben sich geändert. Auf der Hinfahrt nach Paris denkt Thomas anders als später auf der Indienreise. Jetzt ist sie es, die aufgrund ihrer Erfahrung keine emotionale Bindung mehr eingehen will.

Der Geist des Widerspruchs lebt in Holger Klein, des Widerspruchs um seiner selbst willen, der alles infrage stellen und alles entstellen will. Thorbrüggen will die in der schon geprägten Sprache gespeicherten Empfindungen nicht wiederholen. Er will ursprünglich dichten, nennt Storm und Eichendorff als Kontrapunkte. Thorbrüggen – ein Verwandter des Robert Wilnius aus dem »Ferienschreiber« –, ein Poet im Stile Brechts, also ideologisch. Er begann wenigstens in dieser Weise, konnte aber keine Gedichte mehr schreiben, weil ihm schließlich der Glaube an eine Möglichkeit, die Welt zu verbessern, verloren gegangen war. Thorbrüggen ist ohne Glaube, aber er kann wie Ifflock im Tagebuch seine Einsamkeit artikulieren. Der Spießer Hofknecht verschließt seine Augen vor der Bedrohlichkeit der Welt und des Lebens. Hofknecht ist der ungeistige Antipode, welcher nicht durch eine existenzielle Erschütterung hindurchgegangen ist. Er bleibt der sonntägliche Kirchengänger.

Die Pointe des Romans (der Schluss).

Lukàcs: »Dem grundlos niederfahrenden Zufall kann ein Autor im Roman am besten durch ein kommentarloses Erfassen begegnen.«

Das Irrationale des Lebens lässt alle Figuren in einem ironischen Licht erscheinen. Der Schluss ist sinnbildlich gemeint. Ein Sinnbild für einen schicksalhaften Zufall, dem die Menschen ausgesetzt sind, vor dem jedes Planen verblasst, hilflos und naiv erscheint. Zufälle können komisch und tragisch sein. Der Zufall lässt sich als dichterische Fiktion benutzen. Er bietet sich empirisch an.

Der Schock über das Ende des Buches muss umso größer sein, je intensiver die Lebenserwartungen und Pläne dargestellt wurden. Ich hätte die Gruppe auch heil nach Hause kommen lassen können. Das Ende geht nicht zwingend aus der Handlung hervor, aber es ist beabsichtigt. Der Absturz deformiert die Wirklichkeit, um das Absurde jedes Plans zu zeigen. Das, was am Ende passiert, ist eine Kränkung, eine Erniedrigung der Gruppenmitglieder durch eine anonyme Macht. Der Tod schreitet über alles hinweg, lässt die an sich berechtigte Rebellion einzelner Personen ins Nichts laufen. Vor diesem geballten Schluss erscheint das Geschehen der 14 Tage in ironischer Brechung. Der Tod im Kollektiv widerlegt den Glauben des Einzelnen an sein Schicksal, seinen persönlichen Tod – mag das Leben als solches auch noch so individuell gewesen sein. Der Absturz ist ein Symbol für den verwirrenden Widerspruch zwischen Lebensplanung und Zufall. Der Rest ist blinder Glaube und steht für die Tatsache, dass es heute für viele kein Schicksal mehr gibt, das dem Einzelnen gehört. In einer technisierten Welt findet der Totentanz oft im Kollektiv statt, im Massenzeitalter wird der Einzelne nicht mehr »aufgefordert«.

Jahre eines Unbehausten

Der »Unbehauste« ist ein fiktives Tagebuch in Romanform.

»Das Glück des Einzelnen liegt in der Selbstannahme« (Zitat von Kierkegaard).

Die Selbstannahme kann aber zur Selbstsucht führen. Das Glück besteht dann darin, dass das Ich in der Welt mit sich selbst identisch ist, dass die Welt es ihm gestattet, zu sich selbst zu kommen, statt ihm Entfremdung aufzuerlegen.

In seinem Lehrerdasein konnte Wilnius seine Person nicht mehr entfalten. Der Niedergang der Bildung, welcher in den 70er-Jahren begann, ließ ihm keine Möglichkeit, sich als Lehrer zu entfalten. Eine Identität mit seiner Person und der heruntergekommenen Schule herzustellen war ihm nicht mehr möglich. Er versucht, seine Identität außerhalb seines gelernten Berufes zu suchen. Aber er findet sie nicht, weil er auch als Autor nichts bewirken konnte. An die Stelle des Konflikts zwischen Schule und Berufung tritt ein Verhaltenskonflikt, der seine gesamte Energie in Anspruch nimmt und ihn schließlich in die Verzweiflung treibt. Am Ende bleibt von seiner Identitätssuche nur noch ein Kampf mit der Droge übrig.

Sein Versuch, aus Gewohnheiten auszubrechen, einen Neuanfang zu wagen, misslingt. Er will an sein Talent glauben, muss aber erkennen, dass zu dessen Entfaltung Disziplin gehört, die er nicht besitzt. Das letzte Geheimnis, die Ursache seines Scheiterns, liegt darin, dass er nicht an den Sinn seines Talents glauben kann, weil er nicht an den Sinn des Lebens überhaupt zu glauben vermag.

Sein Lebensplan, der von Anfang an diffus war, hätte nur eine Chance auf Verwirklichung gehabt, wenn er zugleich ein mit asketischer Disziplin einhergehender Arbeitsplan gewesen wäre. So verliert sich sein Leben in einem ziellosen Vagabundentum, am Ende in einer Suchtapathie.

Ohne ein soziales Umfeld kann ein Talent sich wohl nicht entfalten. Wilnius flieht vor der Rolle, die er als Lehrer spielen muss, die ihn aufsaugt, nicht zur Entfaltung kommen lässt. Er spürt seine Berufung. Zugleich sieht er die Gefahr, sich zu verfehlen, wenn er seinen Brotberuf weiter ausüben würde. Er flieht in die Wüste, möchte als eine Art Eremit sein Werk, seine Lebensaufgabe vollenden. Er muss scheitern, weil die äußere Wüste (das Alleinsein) zu einer inneren wird (Vereinsamung). Ohne ein soziales Umfeld, aus dem der Mensch Kraft schöpft, welkt er wie eine Blume, die kein Wasser erhält. Schließlich scheitert auch Wilnius am Hochmut seines egozentrischen Wesens. Aber dieser Weg in die Isolation (Wüste) ist notwendig. Denn erst als er einsieht, gescheitert zu sein, ist ihm ein Neuanfang möglich. In der selbst geschaffenen Wüste seines Alleinseins verfällt er der Droge Alkohol, die sein Selbst langsam zerstört. Er findet dann im Scheitern zu sich selbst auf eine andere Weise, als er es plante. Jetzt erst kann er sich von Irrtümern und Lebenslügen befreien.

Wilnius bricht aus einem Netz sozialer Beziehungen aus in eine unbestimmte Zukunft. Er muss schreiben, um nicht an einem inneren Überdruck zu ersticken. Unsere vertraute Alltagsordnung – dahinter lauert eine Welt, die unheimlich und bedrohlich wirkt. An ihr scheitert er. Er, der Sensible, verschmäht hochmütig die Geborgenheit des bürgerlichen Alltags, wagt sich schutzlos in die Wüste, um frei zu sein und für sein Programm leben zu können.

Kälte und Verlorenheit von Menschen in unserer Zeit werden im Brennpunkt eines individuellen Schicksals in diesem Buch gezeigt.

Wilnius benutzt die demokratische Freiheit, um sich auf höherem Niveau – nicht materiell – selbst zu bedienen. Er wird Opfer eines romantischen Egoismus.

Wenn sich Wilnius schlecht fühlt, sehnt er sich nach Wohlgefühl. Und umgekehrt: Wenn es ihm gut geht, empfindet er Langeweile und ist neugierig auf die Zeit des Unbehagens, weil sie zum Motor wird, die Misere, den schlechten Zustand so schnell wie möglich zu verlassen und das feste andere Ufer zu erreichen. Der Zustand der Behaglichkeit, des Mit-sich-eins-Seins wird ihm, wenn er erreicht ist, zuwider und löst Überdruss aus. Er möchte wieder leiden. So pendelt er zwischen den Extremen, ohne sich je auf eine Bleibe festlegen zu können.

Robert Wilnius verliert das Wissen, dass jeder auch für das Gesamt der Gesellschaft arbeitet und nicht nur zur Entfaltung der eigenen Entelechie. Für den Verlust dieses Wissens wird er hart bestraft.

Erich Fromm: »Der Mensch ist ein Wesen, das aktiv nach seiner optimalen Entwicklung sucht, wenn auch diese Suche oft scheitern muss, weil die äußeren Bedingungen ungünstig sind.«

Der Versuch des Robert Wilnius, aus einer total verplanten Welt auszubrechen, um sein Selbst nicht zu verlieren – als Einzelner muss er scheitern. Ihm fehlt die Frau an seiner Seite, eine Person überhaupt, die soziale Kontrolle übernimmt. Wirtshausgespräche ersetzen keine echte Kommunikation.

Petra war eine zu flüchtige Bekanntschaft, eine junge Frau, mit der er keine echte Beziehung wie mit Marianne eingehen konnte. Am Ende war Petra nicht mehr als ein erotisches Abenteuer.

Wilnius bejaht eine Verantwortung nur sich selbst gegenüber. Seiner individuellen Prägung, dem inneren Ruf nach kreativer Tätigkeit glaubt er, gehorchen zu müssen. Ihm gegenüber fühlt er sich verantwortlich. Er vergisst, dass er als soziales Wesen auch eine Verantwortung gegenüber anderen hat: seiner Mutter zum Beispiel und der Schule, einer Gruppe also.

Wilnius zieht als Vagabund durch die Lande und weigert sich, seine Rolle in der Arbeitswelt gewissenhaft weiter zu erfüllen. Er hat den Individualismus auf die Spitze getrieben. So etwas rächt sich. Im sozialen Umfeld eines geordneten Zuhause hätte seine Suchtapathie vielleicht aufgefangen werden können. Die einzige Entschuldigung, die aber keine Logik für sich in Anspruch nehmen kann: Die Kindheitserlebnisse haben ihm ein Trauma beschert, das sich in einem Gefühl von totaler Sinnlosigkeit und einem Bewusstsein einer totalen Zufälligkeit allen Geschehens auf dieser Welt äußert. Diesem Nihilismus hat Wilnius nichts entgegenzusetzen. Für ihn bleibt als einziger Halt die Flucht ohne Ziel und ohne Hoffnung auf metaphysische Geborgenheit. Wilnius wird von einer Hoffnung getragen: in sich selbst, in seinem Talent und Impuls zum Schreiben einen letzten Halt zu finden, der ihn vor dem Sturz ins Bodenlose bewahrt. Die reale Schule, so wie sie sich heute darstellt, hat ihm den Glauben an die Möglichkeit einer sinnvollen erzieherischen Aufgabe genommen.

Flucht vor einer Nivellierung der Menschen sucht er im Alleinsein, um die Innerlichkeit zu kultivieren. Eine Innerlichkeit, die jedem Erleben in der Natur und der Kunst erst Wärme und Farbe verleiht. Über das Alleinsein führt ihn der Weg in die Einsamkeit, deren Schmerzen er im Alkohol zu ertränken versucht. Ein Weg, den Wilnius, ein letzter Romantiker in dieser Zeit, noch zu gehen versucht, ist heute im Massenzeitalter nicht mehr begehbar. Am Ende ist er nicht stark genug, seinen Weg eines Einzelgängers zu Ende zu gehen. Er ist nicht stark genug, dem Gegner, ja Feind in ihm wirkungsvoll entgegenzutreten.

Robert Wilnius will einen Roman schreiben über das »Wohnen«. Sein Tagebuch erzählt, warum er nicht zum Schreiben kommt. Einer, der auszog, ein Großer zu werden, wird durch Umstände gezwungen, sein Talent in einem Tagebuch zu verströmen.

Wilnius verschmäht um einer vermeintlichen Freiheit willen geregeltes Einkommen und einen festen Wohnsitz.

Zur Struktur: Das Buch ist aus Einzelstücken zusammengefügt: Kurzgeschichten, Miniaturen, Episoden, Szenen, Briefen und Reflexionen. Die einzelnen Teile sind durch Thema, Atmosphäre und die Hauptfigur des Ich-Erzählers miteinander verbunden.

Das Alkoholproblem, das ihm schließlich zum Verhängnis wird, ist etwas Vordergründiges. Er muss »seinen« Weg gehen bis zu einem düsteren Ende. Der Tunnel ist aber nicht unendlich. Am Ende blickt er in eine neue Zukunft.

Er ist ein Einzelgänger, der gegen den Strom der Menge schwimmt. Er ist kein Held im eigentlichen Sinn, hat sich überschätzt, vielmehr seine Labilität, seine Anlage zur Depression, seinen stillen Wunsch nach Zweisamkeit unterschätzt. Am Ende zermürben ihn Alleinsein, Erfolglosigkeit und Alkoholabhängigkeit. Er muss einsehen, dass sein Leben in eine Sackgasse geraten ist.

Ungestraft zieht sich der Einzelne nicht aus der Gesellschaft zurück, um sein Selbst zu ergründen. Die Erkenntnis: Ohne soziale Bindung – wenigstens an einen Menschen – geht der Einzelgänger zugrunde.

Wilnius sucht in Wirtshäusern die Nähe der Menschen. Sein Hochmut treibt ihn in die Isolierung. Er hält das Alleinsein nicht aus und verfällt der Sucht zum Alkohol. Am Ende – der Höhepunkt seines Scheiterns – steht ein verzweifelter, aber nur halbherzig inszenierter Suizidversuch. Sein Irrweg hat ihn weit von seinem eigentlichen Ziel, sich als Schriftsteller zu verwirklichen, entfernt. Allein, ohne die Hilfe Gleichgesinnter, muss der Mensch in der Kälte des Alleinseins scheitern. Die Tragik: Wilnius wollte nur seiner inneren Stimme, seinem Gewissen folgen. Er glaubte, nur in einer Flucht aus Alltag und gewohnter Umgebung sich zum Künstler verwirklichen zu können.

Der Roman ist eine Art Spiel, eine Koketterie mit der Gefahr, die der Autor des Buches auch in sich spürt. Was ihm selbst hätte zum Verhängnis werden können, aber nicht wirklich wurde, das gestaltet er in einer anderen Person. An dieser spielt er die auch ihn bedrohenden Möglichkeiten durch.

Heidegger: »Der Mensch sollte sich der Angst ausliefern – sich in das Unbehauste zwingen, aus dem er fliehen möchte. Er sollte spüren, dass der Boden ein Abgrund sein kann.«

Das Buch zeigt den ehrlichen, persönlich notwendigen Wunsch des Robert Wilnius, sich und sein Talent zu verwirklichen und der Institution Schule, die ihm als Lehrer Entfremdung von sich auferlegt, wie er meinte, den Rücken zu kehren. Gezeigt werden soll, dass er diesen Schritt tun musste. In einer Dilemma-Situation musste er sich entscheiden, auch wenn er einer Illusion anhing, wie sich später herausstellen sollte. Er geht in die Irre, weil er von vornherein krank war: seit seiner Kindheit durch den Krieg traumatisiert. Die Folge dieses Traumas und seiner Spätfolgen waren Angst vor der Welt und der Wunsch, sich durch einen Rückzug aus ihr zu isolieren. Er war gewohnt, depressive Verstimmungen und Schlafstörungen durch Alkohol zu betäuben. Aus dem Konflikttrinker Wilnius, der die entspannende Wirkung durch Alkohol suchte, wird mit der Zeit ein Abhängiger, der schließlich, von der Sucht zermürbt, vereinsamt. Ein Teufelskreis, aus dem er nicht herausfindet. Am Ende steht Verzweiflung und der Wunsch zu sterben.

Wilnius manövriert sich, auch aufgrund einer masochistischen Anlage, die immer wieder an ihm deutlich wird, in eine selbst verschuldete Isolation hinein, die ihn auf unerträgliche Weise vereinsamen lässt. Das Unerträgliche seines Zustandes sucht er durch besessenes Tagebuchschreiben, durch Kommunikation in Gasthäusern und eine kurze Affäre mit einer jungen Frau zu mildern.

Ein Aussteiger, der konsequent über sich und sein Leben entscheiden möchte, scheitert. Er, der frei über sich selbst verfügen wollte, wird in seinem Selbstverständnis durch eine Sucht, die seinen Willen fremd bestimmt, gekränkt.

Paradox: Ein Mensch, der ein unbedingtes Talent in sich spürt, ist gezwungen, dieses als unabhängiges Wesen zu verwirklichen, sich gegen das ihn umgebende Ganze zu behaupten. Nur so kann er ein Selbstwertgefühl gewinnen. Er spürt in sich eine Aufgabe, die er nur isoliert von anderen erfüllen kann. Und doch verliert er sich, zerstört sich, wird gegenüber dem Ganzen schuldig, wenn er sich eben gegen das Ganze, die Gesellschaft in freier Wahl selbstisch zu verwirklichen sucht.

Das Selbst kann man vielleicht gar nicht finden. Es entfaltet sich im Laufe eines Lebens, es besteht aus dem gelebten Leben, das real ist. Trotzdem suchen viele Menschen zu Lebzeiten nach einem Etwas, was erst am Ende des Lebens doch zu einem Etwas werden kann. Ihr Suchen wird so zu einem Teil ihres Selbst.

Das Nachwort ironisiert die Fiktion. Die Fiktion wird hier als solche entlarvt, wenn sie sich auch den Anschein gibt, als sei sie teilweise Dokumentation. Im zweiten Teil des Nachwortes setzt Hans Urweider, ein Schulfreund, die Fiktion fort.

In Wahrheit ist alles nur ein Spiel der Fantasie des Autors: die Tagebücher von Wilnius und die Briefe an Hans Urweider. Urweider erscheint einmal mehr in der Maske des distanzierten Herausgebers.

Heidegger: »Der Mensch ist ein Wesen, dessen Gefahr es ist, hinter seinen Möglichkeiten zurückzubleiben.«

Selbstverwirklichung ist nicht zu bekommen mit dem Blick auf sich allein. Das kann selbstisch entarten.

Wilnius treibt eine fast manische Sucht in die Kontaktlosigkeit.

Die meisten Menschen suchen ein konventionelles Glück: Familie, Kinder, Haus, beruflichen Erfolg. Wilnius sucht das Glück des Bei-sich-Seins. Mit sich und seinem Tun zu übereinstimmen, würde er sagen, ist das größte Glück.

Ihm fehlt ein Glaube, eine religiöse Bindung, die ihm einen Halt im Alleinsein geben könnte.

Der Autor Wilnius ist sich selber immer schon voraus: im Planen, Hoffen, Fürchten, Auf-die-Zukunft-gerichtet-Sein. Während des Liebesaktes denkt er darüber nach, wie er diesen in den Roman, den er noch zu schreiben gedenkt, einbauen kann. Wie kann ich das, was ich gerade erlebe, am besten beschreiben?

Die ständige Bezogenheit auf sich selber macht den Menschen unempfindlich für die Teilnahme am Leben der anderen. Menschliche Kultur besteht darin, Geselligkeit zu pflegen, sich nicht zu verkriechen, sondern sich für die Sorgen und Probleme anderer zu öffnen.

Wilnius scheitert, weil er an eine Freiheit glaubt, die sich nicht an eine Autorität bindet. Der Mensch kann nicht frei sein, ohne sich an eine Autorität im Sinne einer höheren Instanz zu binden.

Heidegger: »Wege müssen begangen werden, um sie dann hinter sich zu lassen. Nur so kommt man vorwärts.«

Die Gesellschaft geht der Individualität voraus. Der Mensch ist zunächst ein Wesen, das in der Beziehung zu anderen seine Bestimmung und seine Grenzen erfährt. Der neue Mensch erfährt sich als Produkt der Gesellschaft. Der Mensch als Eigenprodukt ist ein Gegenbild, er wähnt sich frei von Gruppenzwängen. Dem individualistischen Menschen geht es um die Entfaltung seiner selbst. Der sozialistische Mensch dagegen sollte zur Selbstlosigkeit erzogen werden.

Wir befinden uns heute in einem Pandämonium, in einer säkularisierten Welt des blinden Zufalls und der Beliebigkeit und der damit verbundenen Unfähigkeit, in ihr einen Sinn zu erblicken. Es bleibt in einer Welt, in der keine Transzendenz mehr geglaubt werden kann, nur eine Art Vitalismus aus Verzweiflung übrig. Ein Vitalismus, der zu jeder Zeit in banale Genusssucht zu entarten droht.

Vitalismus als Flucht, um durch Betäubung in einer Zeit der geistigen und spirituellen Not sich betäuben zu können. Aber die Not bleibt. Das Bedürfnis nach Geistigem und Spirituellem lässt sich höchstens auf Zeit verdrängen, aber nicht für immer verbannen.

Das für den Menschen beziehungslose Nebeneinander kann man nicht erklären, nur zeigen.

Das Unbehaustsein bezieht sich allgemein über den Fall Wilnius hinaus auf den modernen Menschen von heute. In diesem Sinne steht Wilnius stellvertretend für alle nach einem metaphysischen Halt suchenden Menschen.

Heidegger: »Der Mensch ergreift sich selbst, fragt nach einem Woraufhin.«

Im Zeitalter des Massenmenschen kann sich der Einzelne, will er sich nicht isolieren, nur schwer zum Individuum entfalten. Es kann vielleicht gelingen, wenn man in einer gelungenen Zweierbeziehung lebt oder einen Bezug zu einer höheren

Macht hat, zum Glauben zurückfindet. Wilnius: Ein mit sich ringender Autor, wenn auch nur als Zerrbild erkennbar, so ist er doch ein Gegenbild zu den Vielschreibern und Banalschreibern unserer zeitgenössischen Überproduktion.

Die Abhängigkeit des Robert Wilnius von der Droge Alkohol kann man als eine einzige große Metapher sehen.

Ein Aussteiger, der an sich selbst scheitert, weil er seine eigene Person überschätzt und die Bedingungen unterschätzt hat, unter denen er sein neues Dasein gestalten muss.

Die Entfremdung zwischen den Menschen ist auch ein Motiv des Romans.

Wilnius leidet unter einem lebensfeindlichen Syndrom: Lebensgier verbindet sich mit narzisstischen und sadomasochistischen Zügen in seiner Persönlichkeit. Sie münden in eine Destruktivität, die sich gegen die eigene Person richtet.

Im ersten Teil beobachtet Robert Wilnius noch die Welt. Dann später zwingt ihn seine Sucht auf eine fast autistische Weise, nur noch sich selbst zu sehen.

Das Gebet, das er spricht, muss sich an ein unbekanntes Wesen richten, das mächtiger ist als der betende Mensch. So war es immer schon. Das Gebet beinhaltet zugleich eine Absage an den Zufall.

Um nicht erneut in einen Sog zu geraten, versucht Wilnius, jeden Schlüsselreiz zu meiden, der von einer Gaststätte oder Weinstube oder auch Stadt ausgeht.

Wilnius inszeniert in einer fiktiven Vorwegnahme seinen Suizidversuch einschließlich der Rede, die an seinem Grab gehalten werden soll.

Die Weinstadt als Ganzes ist frei erfunden. Nur in ihren Einzelzügen gründet sie auf topografischen Gegebenheiten.

Das Buch: ein Gemisch aus Erzählung, Bericht, Kurzszenen, Briefen, Stimmungsbildern, Reflexionen und literarischem Tagebuch. Stilistisch ist der fließende Übergang vom Ich-Erzähler zur dritten Person wichtig. Der Wunsch, das eigene Betroffensein zu mildern, indem man es in die Objektivität einer dritten Person überführt. Das Nachwort ist eine Parodie auf die schon fast in Vergessenheit geratene Mode, das Erzählen als solches zum Gegenstand der Reflexion zu machen. Die flüchtigen, sprunghaften Szenen spiegeln Hektik und Einsamkeit unserer Zeit wider.

Das Reisen als Metapher im Sinne eines ziellosen, von Neurasthenie geprägten Umherschweifens.

Die Chronologie ist zu einem großen Teil aufgehoben, Ereignisse, Jahreszeiten ineinander verschränkt.

Ein stiller Rebell

Helmut Thielicke: »Das Dasein jenseits der Sinnfrage ist dem Menschen nicht möglich.«

Max Scheler: »Der Trieb zu grenzenlosem Arbeiten gebärdet sich als Fleiß manchmal. Es ist im Grunde eine Entscheidung gegen die bloße Frage nach dem Sinn.«

Wer sich in seiner Zeit nicht wohlfühlt, nicht mitmachen will, kann versuchen, sie zu verändern oder sich resignierend zurückzuziehen, dem Zeitgeist zu trotzen oder sich von ihm abzuwenden.

Engelfried Leiser: Idee von einem dilettantischen Künstler, der glaubt, zu Großem berufen zu sein. Er dilettiert in verschiedenen Bereichen, wechselt häufig, schafft nie etwas Ganzes. Er spürt auch heimlich, dass es nicht zu Großem reicht. Trotzdem will er es sich aber nicht eingestehen und schiebt die Schuld seines Scheiterns auf die Außenwelt, schirmt sich trotzig von einer Welt, von der er glaubt, dass sie nicht die seine ist, ab, zerfließt in Selbstmitleid und setzt seine Ehe aufs Spiel.

Pascal: »Das Leben wird nur erträglich durch ständiges unruhiges Streben. Man sucht aber die Ruhe, und doch wird sie mit der Zeit unerträglich.«

Kant: »Es gibt Fragen, welche die Vernunft stellen muss, nicht abweisen kann, aber auch nicht beantworten kann, denn sie übersteigen alles Vermögen der menschlichen Vernunft.«

Das Buch gleicht einem Bilderbogen. Im zweiten Teil überwiegen die reflektierenden Partien.

Karl Jaspers: »Der Einzelne muss er selbst werden – aber Kommunikation gelingt nur, wenn auch die anderen sie selbst werden.«

»Bin ich der Flüchtling nicht, der Unbehauste, der Unmensch ohne Zweck und Ruh, der wie ein Wassersturz von Fels zu Felsen braust, begierig wütend nach dem Abgrund zu?« (Faust, Wald und Höhle)

Eine konservative Kulturkritik besteht in der Ablehnung von totaler Technisierung, totaler Ökonomisierung und einer Massengesellschaft.

Gottfried Benn: »Meinen Sie Zürich sei eine tiefere Stadt? Bleiben und still bewahren das sich umgrenzende Ich …«

Engelfrieds Rebellion richtet sich gegen die Anmaßung und Diktatur der Gegenwart, die keine Verbindung zur Vergangenheit mehr unterhält. Wogegen Engelfried rebelliert, das ist nicht nur durch ein Engagement und auch nicht durch Aktivität zu bessern. Es gibt keine Rebellion gegen das System, nur gegen die Zeit als solche, die dem Individuum das Beste stiehlt. Zu verändern im Sinne eines aktiven Eingreifens gibt es nichts. Es bleibt nur das Sich-Bewahren in dürftiger Zeit. Engelfrieds stilles Rebellentum hat zur Konsequenz nur das Neinsagen, den Rückzug. Es ist eine Art Auflehnung gegen die Totalherrschaft der Gegenwart, die dem Menschen in dieser durchtechnisierten Welt die Erinnerung an eine mythische Zeit, die viel vom Menschen wusste, dessen Tiefe er ahnte, rauben will. Er rebelliert gegen jede Ideologie des Fortschritts.

Die literarische Öffentlichkeit ist sehr begrenzt. Literatur ist keine Ware, die man konsumiert. Die Kulturindustrie bietet Konfektion, bedient die Masse.

Adorno: »Die große Kunst wird durch Kulturbetrieb dem Massenkonsum preisgegeben. Durch ständige Reproduktion wird Kunst zur Ware, die jedermann verfügbar ist.«

Adorno: »Die Flut der Informationen und des Amüsements ›witzigt‹ und verdummt die Menschen zugleich. Die Aufklärung muss sich auf sich selbst besinnen. Der Mythos geht in die Aufklärung über und die Natur in bloße Objektivität. Die Menschen bezahlen die Vermehrung ihrer Macht mit der Entfremdung von dem, worüber sie die Macht ausüben. Es ist eine Entfremdung der Menschen von den beherrschten Objekten. Durch Agenturen der Massenproduktion werden dem Einzelnen genormte Verhaltensweisen aufgeprägt.«

Adorno: »Der Geist verkommt, wo er zum Kulturgut verfestigt und für Konsumzwecke ausgehändigt wird.«

Man wird zufällig in eine zufällige Gesellschaft hineingeboren. Der Versuch wird notwendig, ihren Werten zu entweichen, bevor sie einem das Leben verderben.

Heidegger: »Das Leben ist vom Ende, vom Tod her strukturiert.«

Sören Kierkegaard: »Der Mensch ist das einzige Lebewesen, für das die eigene Existenz ein Problem ist. Er kann nicht zurückgehen und weiß auch nicht, wohin er kommt, wenn er vorwärtsgeht.«

Martin Luther: »Das innere Leben ist wichtig. Es muss vom Treiben in der Welt abgehoben werden und es muss selbst gelebt werden.«

Hofmannsthal in »Lord Chandos«: »Unmöglich, die Worte zu sagen, deren sich die Menschen schon bedient haben. Ein Misstrauen gegen Worte, welche schon vorher ursprünglich Erlebtes nur noch transportieren.«

Saint-Exupéry stellt die Abenteurer den Sesshaften entgegen.

Aus »Wind, Sand und Sterne«: »Keiner hat dich mitzureißen versucht, als es noch Zeit war. Nun wird niemand in Zukunft den schlummernden Musiker oder Dichter erwecken, die in dir gewohnt haben.«

Saint-Exupéry: »Weiter den täglichen Aufgaben nachzugehen, wenn der Sturm droht. Das schützt vor Furcht.«

Thomas von Aquin: »Die Acedia ist eine mentis enervatio und ein odium professionis. Sie meint den Mangel an einer eindeutigen Intention der Seele. Das Innere des Menschen fühlt sich nicht gebunden. Der Mensch ist nicht eindeutig auf etwas hin gerichtet.«

Thomas: »Die Seele des Menschen schwankt hin und her zwischen Genuss und Engagement.«

Kierkegaard: »Es fehlt der Seele die Reinheit, nur eines zu wollen.«

Adorno: »Kunst und Geist gehören einer Sphäre an, die sich von einer korrupten Wirklichkeit nicht vergiften lassen darf.«

Das Wissen um den Sinn des eigenen Tuns hat eine stimulierende Kraft. Birgit ist intelligent, es fehlt ihr jedoch das Gespür für die inneren Vorgänge in Engelfried Leiser.

Philosophische Reflexion kann der physischen Existenzerhaltung dienen. Es gibt psychosomatische Wechselbeziehungen. Sinnlosigkeit lähmt dagegen die Aktivität. Sinnverlust berührt auch die physische Existenz. Engelfried und die Radikalität seines Fragens.

Der Mensch wird sich selbst zu einer offenen Frage. Das Problem, vor das er sich gestellt sieht: Wozu bin ich entworfen? Was soll ich aus mir machen?

Engelfried liebt in der modernen Musik die schrillen Dissonanzen. Sein Verhalten kann auch als reines Schmollen verstanden werden. Er ist ein Kauz, der persönliches Versagen, persönliche Enttäuschungen, seine gebrochene Identität vom Persönlichen ins Allgemeine erweitert.

Engelfrieds Rückzug ist das heimliche Eingeständnis eines persönlichen Scheiterns, welches er, um sich ein Selbstwertgefühl zu bewahren, ideologisiert. Er projiziert das persönliche Scheitern auf die Umstände der Zeit, hilft sich, indem er seine Probleme ins Typische erweitert.

Seine Frau Birgit verstärkt ungewollt seine Situation. Engelfrieds gestörtes inneres Gleichgewicht führt ihn in eine ständige Affektbereitschaft. Birgit fehlt es an der notwendigen Sensibilität für Engelfried. Die Liebe wandelt sich schließlich in Missmut und Entfremdung voneinander. Die liebevolle Zuwendung seiner Frau, die ersten Jahre seiner Ehe konnten Engelfried über ein immer wieder aufkommendes Ungenügen am eigenen Sein hinweghelfen. Aber die Sackgassen sind ein Ärgernis, und Engelfried stolpert von einer Sackgasse in die andere: Ich habe versucht ... und bin gescheitert: als Lehrer, als Maler, als Autor und als Ehemann. Er steht immer wieder am Anfang.

Robert Wilnius, der Unbehauste, kommt nach schmerzhaften Umwegen zu neuen Einsichten. Er sucht das Glück im Winkel, verkriecht sich hinter den Mauern einer Burg.

Engelfried und die Szene am Atlantik, eine andächtige Naturbeschreibung in ironischer Brechung. Die Szene am Meer. Engelfried verfällt in einen Lyrismus, der von ihm selbst gebrochen wird, indem er ihn ironisiert. Er stellt sich und sein Tun infrage und gewinnt auf diese Weise Distanz zu sich und seinem Schreiben.

Der Frühpensionär Engelfried kann sich nicht loslassen. Seine Grübeleien kehren zwanghaft in die Zeit seines Lehrerdaseins zurück. Die innere Rebellion gegen das Bildungssystem lässt ihn die eigentliche Ursache seines frühen Ruhestandes besser ertragen: die Nervenkrankheit.

Engelfried kann sich nur noch aufwerten, indem er den Rest der Welt zu seinen Feinden erklärt. Das ist für Robert Wilnius keine Lösung. Engelfried ist auf der Suche nach einem hortus conclusus, einem umschlossenen Raum, der vor der Welt schützt, die als bedrohlich empfunden wird.

Wilnius wird von einer Resignation beherrscht, die aber fruchtbar ist, indem sie Mut schöpft für ein neues Leben aus der Einsicht, dass früher Geglaubtes eine Illusion war. Die Abkehr von Illusionen öffnet ihm den Weg zu einem bescheidenen, aber erfüllteren Leben.

Eine Parallelisierung der Figuren Wilnius und Engelfried. Beide versuchen auf verschiedene Weise, der Banalität ihres genormten Daseins zu entfliehen.

Der Autor lässt seine Figuren Ansichten vortragen, die er persönlich nicht teilt. Engelfried protestiert gegen das Heute – über die Erinnerung an eine verklärte Vergangenheit träumt er von einer besseren Zukunft, die keine Restauration bedeutet, sondern nur eine Synthese sein kann aus Gestern und Heute.

Lord Chandos: »Alles zerfiel in Teile und diese wieder in neue Teile. Es gab kein Prinzip, das mehr Einheit stiftete.«

Adorno: »Die Ohnmacht und Lenkbarkeit der Masse steigt mit der Gütermenge, die ihr zugeteilt wird.«

Engelfrieds Romanversuch muss Fragment bleiben, weil alles, was er beginnt, im Fragmentarischen stecken bleibt.

Wogegen rebelliert Engelfried? Er ist alles andere als ein Revolutionär. Er hat kein Reformprogramm. Er ist ein Rebell ohne Ziel. Er rebelliert vor sich hin gegen eine von kommerziellen Interessen und Überdruss degenerierte Gesellschaft.

Birgit, seine Frau, gestresst durch ihren Lehrerberuf, findet im geselligen Leben einen Ausgleich. Sie fühlt sich überfordert, wenn sie auf ein normales Eheleben verzichten und Engelfried nur noch als Patienten betrachten soll.

Dieser leistet einen sublimen Widerstand gegen seine Zeit und den Ungeist, der in ihr herrscht. Der Widerstand ist apolitisch. Engelfried fürchtet, gewissen zeitgenössischen

Typen zu begegnen. Er hasst sie wegen ihrer lärmenden Geschwätzigkeit.

Er sehnt sich nach einer geistigen Aristokratie, verachtet zugleich die Aristokratie ererbter Privilegien und des Geldsackes.

Hinter der Verweigerung verbergen sich der Wunsch und die Sehnsucht nach einem Ja-sagen-Können, das es für ihn nicht gibt.

Wilnius und Engelfried sind geistig angelegt. Das unterscheidet sie von anderen Menschen. Die meisten von ihnen sind nur sinnlich oder praktisch, höchstens noch intellektuell veranlagt.

Das Buch enthält keinen sorgfältig durchkomponierten Aufbau. Es geht um sprunghafte Abläufe.

Noch einmal: Engelfried lebt in einem Gespinst von Träumerei und Möglichkeiten. Um sich nicht die Wahrheit eingestehen zu müssen, nämlich die, dass es bei ihm nur zum Dilettanten, aber nicht zum obsessionierten Künstler reicht, schiebt er die Schuld auf die Zeit, in der er leben muss. Er weiß selbst, dass er im Sich-Abkapseln die Chance zu einer Flucht sieht, die ihm ermöglicht, ein wenig Selbstwertgefühl, das er so dringend braucht, zu bewahren.

Das Zusammenleben mit anderen funktioniert so lange, wie der Einzelne das Bild, das die anderen von ihm haben, und die Erwartungen, die sie an ihn richten, nicht stört. Es funktioniert umso besser, je weniger er die gewohnte Ordnung in seinem Leben bezweifelt.

Krisenhafte Situationen, welche eine Rolle und die Identität mit ihr zum Problem werden lassen, aktivieren zu Entschlüssen, zu einem Verhalten, durch das ein Mensch in eine Opposition zu seinem Partner (Lebenspartner) gerät.

Engelfried ist eine zerrissene Figur, der vor allem eines fehlt: die Anerkennung durch die soziale Umwelt.

Er leidet unter einer Krankheit des Geistes, einer noogenen Neurose.

Der Sinn des eigenen Lebens wird von den meisten Menschen nicht erfragt, sondern subjektiv als innere Gewissheit erlebt. Dieses Erlebnis wird Engelfried nicht zuteil. Er sucht verzweifelt, ohne zu finden. Er könnte auch einen Theologen fragen: Ich möchte glauben, finde aber zu keinem Glauben.

Engelfried hatte zu malen und zu schreiben begonnen eigentlich nur, um der Langeweile zu entgehen. Er ist vom Konzept des Autors her als Dilettant angelegt. Er dilettiert in verschiedenen Künsten.

Engelfried scheitert mit seiner Erzählung, weil er seine eigene Befindlichkeit ohne Distanz zu sich selbst in einer einzigen Person darzustellen versucht. Er schreibt eruptiv. So gerät alles ins Stocken.

Engelfried stolpert von einer Identitätskrise in die andere. Er sieht sein Leben wie einen riesigen Entwurf, der nicht verwirklicht wurde.

Seine Zurückgezogenheit, seinen Rückzug legen Freunde und Bekannte als Hochmut aus.

Engelfrieds Aufbegehren gegen seine Zeit spielt sich nur in seinem Inneren ab, artikuliert sich noch in Gesprächen mit Autenrieth.

Um ein Gefühl von Verlassensein zu betäuben, tobt eine junge Frau von einer Party zur anderen. Weil das gesellige Leben zum Wesen des Menschen gehört, ist ein »Unmensch« ein in den Wäldern einsam lebender Mensch. (Bollnow)

Engelfrieds verzweifelter Versuch, in einer Gruppe Gleichgesinnter seine Identität zu finden, wird am Ende bewusst nur angedeutet. Das Buch enthält eine Persiflage auf das oft selbstherrliche manierierte Geschwätz in Klagenfurt.

Ironisiert werden soll auch die verbreitete Neigung, sich über seine künstlerische Arbeit theoretisch zu äußern.

Der dekadenten Partygesellschaft wird in satirischer Übertreibung ein Zerrspiegel vorgehalten. Gesprächsbeiträge auf Partys sind austauschbar. Es gibt keine echte Kommunikation. Die Szenen zeigen Teile einer Gesellschaft, die der Banalität des Augenblicks und einer leeren Geschwätzigkeit verhaftet ist.

Eine übersättigte Schickeria und eine wichtigtuerische eitle Literaturbesprechung in Klagenfurt kontrastieren zu Engelfrieds Sensibilität und seinem Ringen um eine sinnvolle Existenz.

Am Ende wird angedeutet, dass Engelfried sich in eine Art Sekte zurückgezogen hat, deren Mitglieder in einer irrealen Welt leben. Engelfried schließt sich einem Kreis Gleichgesinnter an: ein Symbol. Er ist zwar Außenseiter, war aber auch in unserer Zeit nicht allein mit seiner geistigen Not.

Es gibt noch Menschen wie Leiser, die ein geistiges Leben führen. Sie hüten ihren Innenbezirk. Es sind Einsiedler mitten im Weltgetriebe. Sie ziehen sich vor der Berührung mit der gesellschaftlichen Realität zurück. Sie überlassen anderen die Welt, das Geschäft der Politik. Sie verschließen sich vor den notwendigen Aufgaben der realen Welt. Das kann keine Lösung sein, wenn sie die Politik nicht ernst nehmen und anderen Menschen überlassen. Eine oft beklagte typisch deutsche Haltung. Die entseelte Welt treibt dann ohne Persönlichkeiten weiter. Die Kultur wird nicht mehr bestimmt von Eliten, von Persönlichkeiten, sondern von Managern.

Die Partys verdichten sich zum Abbild einer Gesellschaft, die oberflächlich, ohne Tradition und Substanz dem Augenblick einer Geschwätzigkeit verhaftet ist.

Nur kurz erscheinen zwei Rentner, ein Buffopaar, im Gasthaus. Ihr Gespräch stellt eine Art Entsprechung dar zu den ernsten Auseinandersetzungen, welche Engelfried und Wilnius mit dem Doktor Autenrieth führen.

Der Roman enthält keine prinzipielle Kritik am Fernsehen. Er will auch keine Botschaft überbringen, sondern nur aufzeigen.

Cees Nooteboom in »Philip und die anderen«: Der einzige wirkliche Grund unseres Daseins besteht darin, wieder ins Paradies zu gelangen, obwohl das nicht möglich ist.

Sie warfen Feuer auf die Stadt

Kriegskinder der Jahrgänge von 1930 bis 1940 gehören zwischen die sogenannte Aufbaugeneration und die 68er. Heute gibt man zu, was Kriegskinder erlitten haben: Zerfall der Ordnung, Verlust von Angehörigen, Schutzlosigkeit, Gewalt, die ständige Gegenwart des Todes. Diese Kinder sind jetzt im Rentenalter. Ihr Leid hat – soziologisch gesehen – bisher wenig Aufmerksamkeit erfahren. Ihre Verletzungen durch den Krieg blieben vielen bisher verborgen.

Die Mehrheit der Deutschen ahnte nichts vom systematischen Völkermord. Die Sinne der Menschen waren auf das eigene Überleben konzentriert.

Die Vergangenheit kann man nie zum Schweigen bringen. Der Versuch eines Erwachsenen, das Kriegsgeschehen mit den Augen eines Zehnjährigen zu sehen, eines Zehnjährigen, der er selbst damals war. Ein Mosaik von Erinnerungen. Die heile Welt der Kindheit und plötzlich taten sich Abgründe auf.

Der Autor versteht sich nicht als sachlicher Chronist, der nur informieren möchte. Ein wichtiges Thema des Buches sind die Schwierigkeiten, die sich beim Erzählen einstellen, deren der Erzähler sich bewusst sein muss, will er der kindlichen Perspektive so nahe wie möglich kommen. Entspricht das Erzählte der vergangenen Wirklichkeit? Bei dem Versuch, eine Vergangenheit wiederherzustellen, entsteht oft eine neue Wirklichkeit.

Das Buch enthält einen Rahmen, in welchem der fiktive Autor Robert Wilnius vorgestellt wird. In diesem Rahmen erscheint Erlebtes als Kunstprodukt. Dieser Rahmen enthält das Leben des Autors in der Gegenwart und sein Bemühen, die Wirklichkeit von damals in sein Bewusstsein zurückzuholen und mit sprachlichen Mitteln darzustellen. Er reflektiert Darstellungsprobleme, weil er seine Naivität verloren hat, und er spürt den konjunktivischen Charakter des Berichteten. Er weiß, dass seine Fantasie das in der Kindheit Erlebte zur Fiktion umformt. Er täuscht deshalb nicht Authentizität vor, wo er an keine mehr zu glauben vermag. Trotzdem versucht er, der Wirklichkeit von damals so nahezukommen, dass seine Darstellung Glaubwürdigkeit suggeriert.

Der Autor wählt aus einem Repertoire von erlebten Fakten aus und bildet mit sprachlichen Mitteln Texte, die eine Erfahrung anschaulich machen sollen. Der Autor negiert die Darstellbarkeit und die Vergegenwärtigung einer Erfahrung. Durch die sprachliche Vermittlung und die zeitliche Differenz zwischen Erlebtem und Erinnertem werden die Fakten verändert. Aus dem durch Auswahl, Sprache und Abstand veränderten Material entstehen Geschichten.

Der Autor will Robert Wilnius, eine Kunstfigur, keine Kritik an den gesellschaftlichen Verhältnissen üben lassen. Doch mit der Aufreihung der Fakten ergibt sich eine Kritik wie von selbst.

Die immer wieder dargestellte und betonte Bewusstseinslage des Robert Wilnius ist der äußere Rahmen, der das Erzählte verklammert. Zugleich ist dieses Bewusstsein die Basis, auf welche die einzelnen Erinnerungen der Kindheit zu beziehen sind. Der Autor lässt seine Kunstfigur Wilnius die Bedingung seines Erzählens pausenlos reflektieren. Das poetische Gedächtnis schafft die Erlebnisse von einst neu. Die erzählte

Welt spiegelt sich in seiner Beschreibung, wie sie sich ihm nach Jahrzehnten zufällig zeigt. Die Fiktion überwiegt die Fakten (»fast ein Roman«).

Der Autor stößt bei seinen Versuchen, das Thema »Kriegskindheit« darzustellen, immer an Grenzen. Er schafft mit seiner Fantasie eine neue Welt. So ist es nur folgerichtig, dass die erzählten Episoden durchsetzt sind mit Reflexionen, welche die Identität des Erzählten mit dem damals Erlebten infrage stellen. Fazit: Der Roman zeigt nicht die Wirklichkeit, sondern den Versuch einer Annäherung an die Wirklichkeit. Die Vergangenheit ist vergangen, die Bewusstseinslage verschiebt sich, wendet sich in der Gegenwart einmal diesem, einmal jenem Erlebnis zu. Die Zeit ist fließend. Sie inkarniert sich in punktuellen Erlebnissen und Taten. Das Erzählen hat deshalb eine Aufhebung der Chronologie zur Folge.

Der Roman spielt auf verschiedenen Zeitebenen zwischen dem Zweiten Weltkrieg und der Gegenwart. Der Ort des Geschehens wechselt deshalb ständig.

Aus einem authentischen Erlebnis in der Vergangenheit wurde eine Kunsterzählung.

Dieses Problem war Montaigne sicher noch nicht bewusst, wenn er schreibt: Das autobiografische Schreiben ist eine Objektivation, Selbstverdoppelung und Entäußerung in einem. Wer sich selbst besitzen möchte, dem genügt es nicht, sein Leben zu leben, er muss es aufschreiben, und zwar für sich selbst und die anderen.

Diskontinuierliche Szenen: Szenen werden ineinander- und übereinandergeblendet. Alle Szenen zusammen verdichten sich zum Abbild einer Gesellschaft, die in Partikel auseinandergefallen ist.

Emil Pretorius: »Die Welt hat ihre Stabilität eingebüßt, ist ins Maßlose komplex geworden, überfüllt von Fakten, zeit- und raumflüchtig.«

Das Fest

Das Fest ist das 100-jährige Jubiläum eines Gymnasiums und wird an einem Tag der offenen Tür für alle, Ehemalige, Abiturienten, Eltern, zum Gleichnis unserer Zeit. Der Tag der offenen Tür als Sinnbild für das Nebeneinander von Jung und Alt, für die Stille und den Lärm, für Aufgeschlossenheit, Zärtlichkeit und Brutalität. Ein Panorama wird entworfen von Mentalitäten, Vorurteilen, Lastern, Vorlieben, in denen sich die Menschen eingerichtet haben.

Das Fest ist eine Parabel vom Durcheinander in unserer Zeit, ein Gleichnis der Orientierungslosigkeit. Das Nebeneinander einfacher und komplexer Charaktere. Jugend und Alter, Sonderlinge und Gewalttäter. Die Erzählung soll ein Panorama zeigen von Lebenssituationen und ihrer Orientierung beraubter Menschen.

Der Alltag und in ihm die Brüchigkeit menschlicher Beziehungen wird deutlich. In den Gesprächen, die an einem Tag an einem Ort stattfinden, soll sich ein Stück Welt widerspiegeln. Intellektuelles und hohles Geschwätz wechseln einander ab. Erzählt wird aus einer Vielzahl von Perspektiven. Neben der gehobenen Ausdrucksweise gebildeter Menschen finden sich der Jargon von Schülern und Halbwüchsigen und der Small Talk banaler Menschen. Was den Personen an Dramatik fehlt, das sollen sie durch ihre Aussagen an seelischem Ausdruck gewinnen.

Es entsteht das Bild einer zwar zivilisierten, aber überreizten und zügellosen Gesellschaft, welche ihre Mitte verloren hat und sich nicht mehr ethisch-geistig zu orientieren vermag. Figuren, welche die Szene bevölkern, sind oft Abhängige und psychisch Gestörte. Am Beispiel eines Tages zeigen sich die Makel unserer Gesellschaft. Der verwöhnte Massenmensch will seine Wünsche ungehemmt ausdehnen. Er kann seine Lebenswünsche nur schwer zurücknehmen. Indirekt wird durch die Fülle der Einzeläußerungen in den Gesprächen auch das Bild einer zeitgenössischen Gesellschaft und ihrer Probleme deutlich. Der Eindruck eines Tollhauses, der entstehen könnte, ist durchaus beabsichtigt.

Gezeigt wird das Gehabe Jugendlicher, ihr Jargon im Kontrast zu den Reflexionen der Erwachsenen. Entscheidend ist, ob der Mensch aus einer (seiner) Mitte heraus spricht oder sich bei der Meinungsbildung vom Zeitgeist treiben lässt. In der erlebten Rede des Schulleiters Kählert wird das Letztere besonders deutlich.

Ein Motiv: das Isoliertsein des modernen Menschen in unserer Gesellschaft und die Kluft zwischen den Generationen. Zwischen den Jugendlichen und den Älteren finden kaum Gespräche statt. Die Generationen leben nebeneinander her.

Drogen, Alkohol, Dealer, der ehemalige Schüler Hell als Kontrapunkt zu dem zivilisierten Wohlverhalten des Publikums. Das Ganze ist konzipiert als Gleichnis auch vom Zyklus des Lebens: ein Kommen und Gehen der Generationen. Man kann das Leben, die Welt nicht erklären, sondern nur ein wenig darstellen.

Die schlichte Botschaft am Ende des Tages: Das Leben triumphiert wertfrei über jede Misere, über jedes Einzelschicksal im Guten und im Bösen.

Gedichte

Römischer Dachgarten

Nachtwind fächelt
die noch heiße Tagesstirn
beruhigt sanft
löst quälende Spannungen
nur scheinbar auf
er umschmeichelte schon
die kalten Augen der Cäsaren
die blutigen Leiber
der ewigen Opfer
einen Dulder wie Seneca

Unter mir sehen sie TV
ein Müllwagen kommt
fauchend und laut
Geräusch von quietschenden Reifen
Schlusslicht mit diffusem Gelb
harte Zurufe der Männer
das Rollen von Behältern
auf steinigem Pflaster
in dunkler Ferne
die Geräusche verhallen

Römischer Nachtwind streichelt
den Wald von Antennen
und die trotzig leuchtende Kuppel
Oleander welkt in Kanopen

Mittag im Süden

Glühende Plätze
von schattigen Platanen gesäumt
die Kühle der Schiffe
verloren im Steinwald
der drohenden Kathedrale

Die Sonne brennt
die Straßen leer
Bäume stehen verwaist
im Flimmern der heißen Luft
Der Tod
als Enge und Stillstand
Fremd der Altar
in seinen leuchtenden Farben
Die Pose der Architektur
Die Mystik der Räume
verfremdet die Botschaft

Menschen
hinter Fensterläden verkrochen
Wer kennt mich
und die anderen?
Manche träumen vielleicht
von ferner Küste
vom Meer
träumen wie Gefangene
von nicht gekannter Freiheit
Sie kennen die Angst
die peinigt und flüstert:
Du versäumst

Die mächtigen Schiffe
unter deren Gewölbe
wir Zuflucht suchen.
Sie kennen mich nicht
ahnen nichts
von ständiger Flucht
aus der Glut
eines südlichen Mittags
der auf den Plätzen triumphiert

Die Stille das bunte Glas
mit seinen Erzählungen
aus ferner Zeit …
Wenn doch nur eine Orgel spielte
die mich täuschte
mit gläubiger Musik

Abendfrieden

Sterne sprühen
Vom Himmel herab
ein Flugzeug
bahnt stolz sich seinen Weg
rote Lichter zucken
Vor mir der dunkle Wald
mit seinen Geheimnissen
wie einst Eichendorff ihn besang:
Nachtvögel sind zu hören
ein leichter Wind
streicht durch die Wipfel
der lange heiße Tag
kehrt so nicht wieder

Das Meer hat sich beruhigt
ein leises Rauschen noch
Fern hallt Musik
Musik wie Storm sie beschrieb
in einem seiner schönen Gedichte:
Musik und Tanz und Lachen
Hinter mir die Stadt
Auf den Ziegenmelker ist Verlass
er schnarrt –
wie immer zur gleichen Stunde

Kann ich noch still erleben
den Augenblick die Gegenwart
die stets verschlungen wird?
Lust überkommt mich
manische Lust zu schreiben
um für die Zukunft zu bewahren

das Leben als Konserve
vitaminlos sinnlos –

Ich schreibe: Die Welt ist anders
Das Meer rauscht leise
aber nur für mich
Der dunkle Wald –
hat er Geheimnisse?
Sie sind erforscht
Es gibt so viele Bücher

Das Meer das leise rauscht -
zerbirst dort nicht ein Schiff?
Stürzt nicht gerade jetzt
vom Himmel hoch
ein Flugzeug tief ins Meer?
Der dunkle Wald –
er hat ein furchtbares Geheimnis:
Das Mädchen unter dem duftenden Laub
geschändet dann zerstückelt
Vor einer Stunde noch
tanzte es mit dem Freier

Erinnerung an Hörnum 1

Juliabend und Regen
schwere Wolken warmer kräftiger Wind
der nach Meer und Gischt schmeckt
Um mich herum ist alles leer
Pfützen auf dem Asphalt
Bäume sind nicht da
Nur Gräser krümmen sich
selbst das harte Heidekraut
es scheint zu frieren
Die See ist aufgewühlt wie häufig
sie tobt und brüllt
drängt an den schmalen Strand
kämpft ihren Kampf der ewig ist

Fern hinter der letzten Düne
das rotierende Blinken des Leuchtturms
In den niedrigen Häusern
am Rande des Deiches
gehen die Lichter aus
Der Himmel ist immer noch schwarz
Plötzlich ein kurzer Regenschauer
er fällt heftig und dicht
schlägt ins Gesicht –
ein Peitschenhieb der nicht schmerzt
eher willkommen ist
Dann wieder die tosende Brandung
Fahnenmasten klirren irgendwo
Stricke schlagen gegen das Holz

Im Kasino leuchtet noch Licht
Aber die Musik hallt nicht mehr

Kasernen Kasernen aus dem Krieg
sie treten mir entgegen als stumme Zeugen
Vorhöfe des Todes für viele –
graue Klötze angetreten in Reih und Glied
die Fenster zerborsten
über jedem Eingang ein Buchstabe

Das Mädchen mit dem ich tanzte
den ganzen langen Abend
das Mädchen das ich im Dunkeln küsste
– es ist schon längst verschwunden
Wenn es je einen Krieg gab –
Wir wussten es nicht als wir uns küssten

Erinnerung an Hörnum 2

Wir verlassen das Tanzhaus
tauchen ins nächtliche Dunkel
Hinter uns verloren erleuchtete Scheiben
Das Kasino mit wenigen Menschen
die sich in Nischen verkriechen
Musik hallt uns nach
zerstört vom Toben des Meeres
Eine einzige Melodie noch:
ein Vergessen für immer

Schwarze Wolken sternenlos der Himmel
Regenschauer peitschen das Gesicht
befreien von innerer Starre
Hinter den Dünen die wenigen Lichter
Der Leuchtturm sendet wie immer
Blinkkegel in die Ferne
Die gleichen Intervalle
Mich fröstelt
Der Pfad auf dem ich gehe
Vor kurzem ging sie noch neben mir

Von Jürgen Reimer erschienen bisher folgende Bücher:

Der Ferienschreiber (1998), Roman
ISBN 978-3-89501-627-1

Gruppenreise (2001), Roman
ISBN 978-3-8280-1412-1

Jahre eines Unbehausten (2002), Roman
ISBN 978-3-8280-1689-7

Ein stiller Rebell (2003), Roman
ISBN 978-3-8330-1079-8

Der „außerordentliche" Mensch und das Problem der Disziplin bei Thomas Mann (2005), Essays
ISBN 978-3-8334-2454-0

Das Fest (2007), Erzählung
ISBN 978-3-8334-6101-9

Stifterstube (2007), Erzählung
ISBN 978-3-8334-8395-0

Wilnius und Ich (2008), Fast ein Bericht
ISBN 978-3-8334-7463-7

Geständnis eines Ruhelosen (2008), Stationen
ISBN 978-3-8334-7629-7

Sie warfen Feuer auf die Stadt (2009), Fast ein Roman
ISBN 978-3-8370-2257-5

Narziß und die anderen (2009), Roman
ISBN 978-3-8370-2349-7

Ein Abschied in Rom (2011), Roman
ISBN 978-3-8423-0284-6